Petri Aloysii Galletti Romani

Inscriptiones Piceni

Petri Aloysii Galletti Romani
Inscriptiones Piceni
ISBN/EAN: 9783741180521

Manufactured in Europe, USA, Canada, Australia, Japa

Cover: Foto ©Angelika Wolter / pixelio.de

Manufactured and distributed by brebook publishing software (www.brebook.com)

Petri Aloysii Galletti Romani

Inscriptiones Piceni

INSCRIPTIONES PICENI
SIVE
MARCHIAE ANCONITANAE
INFIMI AEVI
ROMAE EXSTANTES
OPERA ET CURA
D. PETRI ALOYSII GALLETTI ROMANI
MONACHI CASINENSIS
IN BIBLIOTH. VATIC. LINGUAE LATINAE SCRIPTORIS
COLLECTAE.

ROMAE MDCCLXI.

TYPIS GENEROSI SALOMONJ BIBLIOPOLAE
SUPERIORUM PERMISSU.

ABVNDIO REZZONICO
PATRICIO VENETO ROMANO GENVENSI
CLEMENTIS XIII
PONTIFICIS MAXIMI
EX GERMANO FRATRE NEPOTI
QVOD
EXIMIIS ANIMI SVI DOTIBVS
FAMILIAM PATRIAM VRBEM ROMAM
IN SPEM PVLCHERRIMAM-EREXERIT
BONAEQ. ARTES AC LITERAE
PERPETVVM SIBI EVM PATRONVM
AVSPICENTVR
PETRVS ALOYSIVS GALLETTI CABINENSIS
IN APOSTOLICA VATICANA BIBLIOTHECA
LINGVAE LATINAE SCRIPTOR
ADOLESCENTI NOBILISSIMO
SYLLOGEN PICENARVM INSCRIPTIONVM
ROMAE EXSTANTIVM
VT VETERIS PERENNISQVE OBSEQVII
MONVMENTVM SIT
D. D. D.
ANNO MDCCLXI

MONITUM

Omanarum Inscriptionum editione sub felicissimis auspiciis SSmi D. N. Clementis XIII. P. O. M. absolutâ, curante in primis amicissimo & eruditissimo viro *Johanne Paulo de Cinque* Nobili Conscripto Romano, qui negotium meum veluti suum amplexus nulli prorsus diligentiae pepercit, ut absque naevis, & citius quam expectari posse videretur in publicam lucem prodiret, en Inscriptiones Picenas, seu mavis dicere, quae ad *Pontificiam Marchiam* spectant in medium profero, quod mihi jucundum sane, pergratumque sollicitudini, atque amori omnino debeo viri tum generis nobilitate, tum doctrinâ praeclarissimi *Guillielmi Pallotta* Maceratensis patricii, Emi ac Rmi Principis *Caroli* cardinalis *Rezzonici* a consiliis & litibus audiendis. Is etenim dum inclytae nationis suae gloriam, ac dignitatem egregie in Urbe tuetur, etiam in institutum meum pro viribus liberalem se praebens, summâ alacritate curavit ut nobilis, & dives *Picena* provincia ad hujusmodi monumenta evulganda sumptus conferret.

Verum enim vero *Piceni* nomine totum agrum illum minime intelligo, qui sub *Romanorum* imperio latissime certe patebat: *Quinta regio*, ait Plinius lib. III. cap. XVIII. *Piceni est, quondam uberrimae multitudinis. Tercenta LX. millia Picentium in fidem populo Romano venere. Orti sunt a Sabinis voto vere sacro. Tenuere ab Aterno amne, ubi nunc ager Adrianus & Adria colonia a mari VII M. Pass. Flumen Vomanum, ager Praetutianus, Palmensisque. Item Castrum Novum, flumen Batinum, Truentum cum amne: quod solum Liburnorum in Italia reliquam est. Flumen Albula, Tervium quo finitur Praetutiana regio & Picentium incipit. Cupra oppidum, Castellum Firmanorum:*

rum: & *super id colonia Asculum, Piceni nobilissima, intus. Novana in ora: Cluana, Potentia, Numana a Siculis condita. Ab iisdem colonia Ancona apposita promontorio Cumero in ipso flectentis se orae cubito. A Gargano* CLXXXIII. M. pass. *Intus Auximates, Beregrani, Cingulani, Cuprenses cognomine Montani, Falerienses, Pausulani, Pleninenses, Ricinenses, Septempedani, Tollentinates, Trejenses, Urbesalvia Pollentini*. Ex quo *Plinii* luculento testimonio satis conjicitur *Picenum* ea aetate ab ortu Solis conterminum habuisse *Aesim* amnem ad oppidum usque, qui nunc *S. Quiricus* dicitur, inde vero fluminis *Naris* fontes ad *Aterni* ripam inter *Amiterni* vestigia & *Aquilam* urbem; a meridie *Matrinum* amnem, & ab hujus fontibus *Apennini* montis jugum, quod ad ipsius *Aterni* fontes protensum vulgo dicitur *Monte Corno*; ab Solis occasu & Septemptrionibus mare *Hadriaticum* inter *Matrini*, *Aesisque* amnium ostia, C. millium passuum longitudine.

Praeterea neque ullam quidem habendam hic esse rationem putavi *Piceni Suburbicarii* & *Piceni Annonarii*, quorum urbes & loca determinare difficillimae esset indaginis, sed eam Pontificiae ditionis partem prae oculis habui, quae *Marchia* nunc *Anconitana* vulgo appellatur, quamque immortalis memoriae pontifex *Xystus V.* etsi aliud agens, attamen tacite quodammodo certis indubiisque finibus conclusit, quum nempe illorum populorum commodo consulens *Maceratensis* Rotae causis expediendis praepositum tribunal honorificentissimo prorsus consilio instituit. Urbes siquidem, quae hujusmodi sapientum judicio nunc subjiciuntur haec recensentur *Asculum, Ancona, Camerinum, Fabrianum, Fanum, Firmum, Aesium, Lauretum, Matelica, Macerata, Monsaltus, S. Severinus* olim *Septempeda, Tolentinum, Cingulum, Auximum, Recinetum*, & *Ripa Transonis*.

Haec habui erudite lector, quae te monerem, ut labori huic meo, qualiscumque sit, aequi bonique consulas.

ELENCHUS

Dedicatio
Monitum.

Svmmi Pontifices. Claſſis prima	Pag. 1
S. R. E. Cardinales. Claſſis secunda	31
Episcopi. Claſſis tertia	48
Abbates et Praesules. Claſſis quarta	58
Sacerdotes et Clerici. Claſſis quinta	67
Religiosi. Claſſis sexta	81
Senatores et Oratores. Claſſis septima	83
Ivrisconsvlti. Claſſis octava	87
Milites. Claſſis nona	97
Officia domvs Pontificiae. Claſſis decima	106
Avlici. Claſſis undecima	111
Medici. Claſſis duodecima	124
Pictores. Claſſis decimatertia	129
In pia loca largitores. Claſſis decimaquarta	132
Affectvs parentvm erga filios. Claſſis decimaquinta	145
Affectvs filiorvm erga parentes. Claſſis decimasexta	148
Affectvs conivgvm. Claſſis decimaseptima	153
Propinqvorvm et amicorvm. Claſſis decimaoctava	163
Eorvm qvi sibi ipsis posverunt. Claſſis decimanona	167

Appen-

Appendix Inscriptionum Praetermissarum. 170
Index Generalis Alphabeticus. 183
Index Peculiaris Familiarum per Patrias Distributarum. 191
Index Ecclesiarum Sacrorumque Locorum. 194
Index Locorum Profanorum. 197

IMPRIMATUR,

Si videbitur Reverendissimo Patri Magistro Sacri Palatii Apostolici.

D. Jordani Archiep. Nicomedien. Vicesg.

IMPRIMATUR.

Fr. Thomas Augustinus Ricchinius Ordinis Praedicatorum, Sacri Palatii Apostolici Magister.

SUMMI PONTIFICES
CLASSIS PRIMA.

NICOLAI IIII.
A. C. MCCLXXXVIII.

1.

S. Johannis in Laterano.
In apside ex opere musivo.

TERTIVS ECCLESIÆ PATER INNOCENTIVS HORA
QVA SESE DEDERAT SOMNO NVTARE RVINÆ
HANC VIDET ECCLESIAM MOX VIR PANNOSVS ET ASPER
DESPECTVSQVE HVMERVM SVPPONENS SVSTINET ILLAM.
AT PATER EVIGILANS FRANCISCVM PROSPICIT ATQVE
VERE EST HIC INQVIT QVEM VIDIMVS ISTE RVENTEM
ECCLESIAMQVE FIDEMQVE FERET SIC ILLE PETITIS
CVNCTIS CONCESSIS LIBER LÆTVSQVE RECESSIT.
FRANCISCI PROLES PRIMVS DE SORTE MINORVM
HIERONYMVS QVARTI NICOLAI NOMINE SVRGENS
ROMANVS PRÆSVL PARTES CIRCVMSPICIT HVIVS
ECCLESIÆ CERTA IAM DEPENDERE RVINA
ANTE RETROQVE LEVAT DESTRVCTA REFORMAT ET ORNAT
ET FVNDAMENTIS PARTEM COMPONIT AB IMIS.
POSTREMO QVÆ PRIMA DEI VENERANDA REFVLSIT
VISIBVS HVMANIS FACIES HÆC INTEGRA SISTENS
QVO FVERAT STETERATQVE SITV RELOCATVR EODEM
PRÆSENTIQVE STATV DEVS HÆC AMPLECTERE VOTA
QVÆ TIBI PERSOLVIT DOMVS HVIVS ORNANDO DECOREM
SERVA MIRIFICA CÆLO TERRAQVE BEATVM
EFFICE NEC MANIBVS TRADAS HVNC HOSTIS INIQVI
INGREDIENS POPVLVS DEVOTVS MVNERA SVMAT

INSCRIPT. PICENAE

QVE BONVS HIC PASTOR DEDIT INDVLGENDO BENIGNE
ET LARGA PIETATE PATER PECCATA REMITTENS

ANNO AB INCARNAT. DOMINI NOSTRI IESV CHRISTI MCCXCI. PONT.
EIVSDEM D. NICOLAI PAPÆ ANNO TERTIO

2.
Ibidem.

PARTEM POSTERIOREM ET ANTERIOREM
RVINOSAS HVIVS SANCTI TEMPLI A
FVNDAMENTIS REÆDIFICARI FECIT ET
ORNARI OPERE MVSIVO NICOLAVS QVARTVS
FILIVS SANCTI FRANCISCI ET SACRVM
VVLTVM SALVATORIS INTEGRVM REPONI
FECIT IN LOCO VBI PRIMVM MIRACVLOSE
POPVLO ROMANO APPARVIT QVANDO
FVIT IPSA ECCLESIA CONSECRATA
ANNO DOMINI MCCXCI.

3.
Ibidem.
Sub effigie Sanctissimi Salvatoris.

NICOLAVS QVARTVS
FILIVS S. FRANCISCI SACRVM VVLTVM
SALVATORIS REPONI FECIT IN LOCO VBI
PRIMO MIRACVLOSE APPARVIT QVANDO
FVIT ISTA ECCLESIA CONSECRATA

4.
S. Mariæ Majoris.
In apside ex opere musivo.

QVARTVS PAPA FVIT NICOLAVS VIRGINIS ÆDEM
HANC LAPSAM REFECIT FITQ. VETVSTA NOVAM.
PATER APOSTOLICVM SERVET FRANCISCVS ALVMNVM
PROTEGAT OMNIPOTENS MATRE ROGANTE BEET

Ibidem.

CLASSIS I.

5.
Ibidem.
In sacrario.

PETRVS ET IACOBVS COLVMNAE
HVIVS TEMPLI ARCHIPRESBYTERI CARDINALES
AMBO DE RE SACRA PRAECLARE MERITI
SED IACOBVS OPERE SVMPTVQVE
COLLATO CVM NICOLAO PONTIFICE
EX INSTAVRATIONE BASILICAE
DECESSIT ILLVSTRIOR

6.
Ibidem.
Ad sepulcrum Nicolai IV. Pont., in fronte, supra simulacrum.

NICOLAO IV. ASCVLANO PICENO
PONT. MAX. CVM IN NEGLECTO DIV
SEPVLCHRO FERE LATVISSET
FR. FELIX PERETTVS CARD. DE MONTE ALTO
IN ORDINEM ET PATRIAM PIETATE POSVIT
MDLXXIV.

In basi.

NICOLAVS IIII. ORDINEM MINOR. PROFESSVS PHILOSOPHVS ET THEOLOGVS

EGREGIVS CONSTANTINOPOLIM A GREGORIO X. MISSVS GRÆCOS AD R. E.

COMMVNIONEM TARTAROS AD FIDEM REDVXIT POST BONAVENTVRAM

GENERALIS SANCTITATE ET DOCTRINA ORD. PROPAGAVIT. NICOLAI III

NVNCIVS INTER FRANCORVM ET CASTELLE REGES PACEM CONCILIAVIT

INSCRIPT. PICENAE

SANCTÆ POTENTIANÆ CARDINALIS LEGATVS HONORII III IN GALLIAM
SENATORIAM P. R. DIGNITATEM SEDI APOSTOLICÆ RESTITVIT
FACTVS PONTIFEX REMP. SVBLATIS DISCORDIIS COMPOSVIT. CHRISTIANOS
PRINCIPES SACRO FOEDERE IVNXIT. PTOLEMAIDEM COPIIS ADIVVIT
FLAMINIAM IN PONTIFICIS ITERVM DITIONEM REDEGIT . PVBLICVM IN
MONTE PESSVLANO GYMNASIVM INSTITVIT . PROBOS ET ERVDITOS IN
COGNATORVM LOCO TANTVM HABVIT . LATERANEN. ET HANC BASILICAM
STRVCTVRIS ET OPIBVS AVXIT . TANDEM IVSTITIA ET RELIGIONE ORBEM
TERRÆ MODERATVS MAGNA SANCTITATIS OPINIONE OBIIT PRID. NON.
APRILIS MCCXCII. PONTIFICATVS SVI ANNO V.

XYSTI V.
A. C. MDLXXXV.

7.
S. Mariae Consolationis.
In pariete.

SIXTVS . V. PONT. MAX.
AD . AVGENDAM . ERGA . SANCTAM . DEI . GENITRICEM
MATREM . GRATIARVM . ET . CONSOLATIONIS
FIDELIS . POPVLI . PIETATEM . AC . VENERATIONEM
SOCIETATEM . HVIVS . ECCLESIÆ . ET . HOSPITALIS
IN . ARCHICONFRATERNITATEM . EREXIT
PRIVILEGIIS . AMPLISS. SACRISQVE . INDVLGENTIAR
THESAVRIS . ORNAVIT . CVMVLAVITQVE
AN. SAL. HVM. M. D. LXXXV. PONT. I.

S. Ma-

CLASSIS I.

8.
S. Mariae in Campo Carleo.
Fragmentum in pariete.

SED . VNIO . FACTA . OB . PAVPERTATEM
DEL . MDLXXXIIII. NON . FVIT . REVO
CATA . NEC . POTEST . PERCHE . PER
LA . CLAVSVLA . SVBLATA . NON . VOLSE
IL . PAPA . CHE . SI . POTESSE . MAI . PAR
LARNE . IMPETRATA . A . GREG. XIII
VT . LIB. XV. FOL. XXVII. EXPEDITA . A
SIXTO . V. ANNO . I
IVLIVS . MALATESTA . RECTOR
AD . PERPETVAM . REI . MEMORIAM

9.
In Monte Pietatis.
In pariete.

SIXTVS V. PONT. MAX.
AD SVBLEVANDAM
PAVPERVM INOPIAM
MONTI PIETATIS INCERTA
IN HANC DIEM SEDE
PROPRIVM HOC DOMICILIVM
AERE SVO DICAVIT
MDLXXXV. PONT. AN. I.

10.
In Capitolio.
In Interiori Senatorii aula.

SIXTO V. PONT. OPT. MAX.
DOMINICVS IACOBACIVS DE FACESCHIS
HORTENSIVS CELSVS
IVLIVS PAMPHILIVS   COSS
SENATORIO MVNERE IVRIDICENDO
LITIBVS PRAEFVERE
HVMANAE REDEMPTIONIS ANNO
M. D. LXXXV

11.
Ibidem.
In fronte palatii Senatorii ad dexteram.

SIXTI . V. PONT. MAX
PRINCIPISQ. OPT. PIETATE
IOANNES . PELICANVS . SENATOR
LAXIOREM . CARCEREM . DIRVMQ
IN . MITIOREM . ET . AMPLIOREM . REDIGI . MAN
ANNO . D. M. D. LXXXV

INSCRIPT. PICENAE

12.
In arcu aquaeductus Aquae Felicis.
Intra Urbis moenia prope portam S. Laurentii.

SIXTVS V. PONT. MAX.
VIAS VTRASQVE
ET AD SANCTAM MARIAM MAIOREM
ET AD SANCTAM MARIAM ANGELORVM
AD POPVLI COMMODITATEM
ET DEVOTIONEM
LONGAS LATASQVE SVA IMPENSA STRAVIT
ANNO DOM. MDLXXXV. PONT. I.

13.
Ibidem.
In altera facie.

SIXTVS V. PONT. MAX.
DVCTVM AQVÆ FELICIS
RIVO SVBTERRANEO MILL. PASS. XIII.
SVBSTRVCTIONE ARCVATA VII.
SVO SVMPTV EXTRVXIT
ANNO DOM. MDLXXXV. PONT. I.

14.
In via Neapolitana.
In facie arcus secundo ab Urbe lapide.

SIXTVS V. PONT. MAX.
PLVRES TANDEM AQVARVM
SCATVRIGINES INVENTAS
IN VNVM COLLECTAS LOCVM
SVBTERRANEO DVCTV
PER HVNC TRANSIRE ARCVM
A SE FVNDATVM CVRAVIT
AN. M. D. LXXXV. PONT. I.

CLASSIS I.

15.
Ibidem.
In altera facie.

SIXTVS V. PONT. MAX.
QVO FONTIBVS RESTITVTIS
DESERTI VRBIS ITERVM HABITARENTVR COLLES
AQVAS VNDIQVE INVENIENDAS MANDAVIT
AN. MDLXXXV. PONTIF. I.

16.
In via Felici.

SIXTVS V. PONT. MAX.
QVOD VIAM FELICEM
APERVIT STRAVITQ.
PONT. SVI ANNO I.
MDLXXXV.

17.
In Laterano.
Ad basilicae porticum.

SIXTVS PP. V.
AD BENEDICTIONES
EXTRVXIT
MDLXXXV. PONT. AN. II.

18.
SS. XII. Apostolorum.
In portica.

SIXTO . V. PONT. MAX
ORD. MIN. CON
IVSTITIAE . VINDICI
PROPAGATORI
RELIGIONIS
A. MDLXXXVI

19.
S. Mariae de Populo.
In pariete.

PIETATIS . ERGO . PVBLICAE . COMMODITATI
XISTVS . V. PONT. MAX.

PRO.

INSCRIPT. PICENAE
PRO . BASILICA . S. SEBASTIANI
SVBSTITVIT . ET . IN . SEPTEM . ADNVMERAVIT
HANC . SANCTISS. VIRGINIS . AD . PORTAM
FLAMMINIAM (&c) . EIDEM . AD . SEPTEM . ALTARIA
OMNES . INDVLGENTIAS . IMPERTIVIT
ATQVE . AEQVO . IVRE . COMMVNICAVIT
ANN. S. M. D. LXXXVI.

20.
S. Sabinae.
In pariete.

SIXTVS V. PONT. MAX.
ECCLESIAM HANC INTERMEDIO PARIETE
RVINOSOQ TECTORIO SVBLATIS
PAVIMENTO STRATO GRADIBVS
ERECTIS PICTVRIS AD PIETATEM
ACCOMODATIS ALTARIQ VNA CVM
SACRIS MARTIIRVM ALEXANDRI
PAPÆ EVENTII THEODOLI SABINÆ ET
SERAPHIÆ RELIQVIIS OBSSTATIO (&c)
NARIAS PONTIFICIASQ MISSAS CELE
BRANDAS TRANSLATO IN HANC
FORMAM RESTITVIT
ANNO PONTIFICATVS II

21.
SS. Viti & Modesti.
In pariete.

D. O. M.
MDLXXXVI. IDIB. FEBRVARII . S. D. N. SIXTVS . PP. V. CONCESSIT

HAC . TIT. ECCLAM . CONFRATI. S. BERNARDI . PROCVRAN. F. MI-
CHELE

ALEXANDRINO . ET . DECIO . AZZOLINO . CARDD. PATRONIS .
PRO . MONAST.º   MONIA-

CLASSIS I.

MONIALIVM . A . D.ᵀᴬ . CONFRATE . CONSTRVEN . IN . DENO-
MINATIONE

TT. CARD. QVAM . DIE . XX. MARTII . EIVSDEM . ANI . HENRI-
CVS . S. R. E. TT. S. PVDENTIANÆ

PRÆSBR . CARD. CAIETANVS . ET . PATRIARCHA . ALEXANDRIN·
ASSISTEN.

SIBI . RAPHAELLE . BONELLO . ARCHIEPO . RAGVSINO . CAMILLO .
DADDEO . EP.º

BRVGNATEN . CVRTIO. CINQVINO . DIAC.º ET . XPHARO . BVBA-
LO . SVB

DIAC.º CANCIS . BASIL. S. M. M. CONSECRAVIT . AD . HONO-
REM . SS. VITI

MODESTI . ET . CRESCENTIÆ . MARTYR. AC . BERNARDI . ABB.
ET . IN

ALTARI . MAIORE . INCLVSIT . RELIQVIAS . PTO . ﬀ. SS. MARTYR.
ET . SS. IACOBI

MAIORIS . APLI . MARCELLINI . PP. ET . MART. GREG. PP. PMI .
BIBIANÆ

VIRG. ET . MART. ET . ALIOR. PLVRIMOR. SS. INSTAN. PETRO .
FVLVIO

V. I. D. PRIORE . HORATIO . FVSCHO . ET . ANDREA . ARBERINO

CVSTODIB' . AC . CAMILLO . CONTRERA . CAMERARIO . PRÆFATÆ

CONFRATERNITATIS

22.

Prope fontem Aquae Virginis.

SIXTVS V. PONT. MAX.
LANARIAE ARTI ET FVLLONIAE
VRBIS COMMODITATI

Inscript. Pit.

INSCRIPT. PICENAE
PAVPERTATISQVE SVBLEVANDAE
AEDIFICAVIT
AN. M. D. LXXXVI.
PONT. II.

23.
Ad portam domus Mendicantium.

SIXTVS V. PONT. MAX. PICENVS
PAVPERIBVS PIE ALENDIS
NE PANE VERBOQVE CAREANT
MVLTO SVO COEMPTAS ÆRE
HAS ÆDES EXTRVXIT
APTAVIT AMPLIAVIT
PERPETVO CENSV DOTAVIT
ANNO DOM. MDLXXXVII. PONT. II.

24.
In basilica Liberiana.

SANCTISS. PRAESEPI
DOMINI. NOSTRI
IESV. CHRISTI
SIXTVS. PAPA. V
DEVOTVS
SACELLVM
EXTRVXIT
AN. SAL. MDLXXXVII
PONTIFICATVS
TERTIO

25.
Ibidem.
In hemisphærio sacelli Sixtini.

SIXTVS V. PONT. MAX.
IESV CHRISTO DEI FILIO
DE VIRGINE NATO

26.
In area Liberianae Basilicae.
In basi obeliski, ad Meridiem Carinas versus.

SIXTVS V. PONT. MAX.
OBELISCVM
ÆGYPTO ADVECTVM
AVGVSTO
IN EIVS MAVSOLEO
DICATVM

EVER-

CLASSIS I.

EVERSVM DEINDE ET
IN PLVRES CONFRACTVM
PARTES
IN VIA AD SANCTVM
ROCHVM IACENTEM
IN PRISTINAM FACIEM
RESTITVTVM
SALVTIFERÆ CRVCI
FELICIVS
HIC ERIGI IVSSIT AN. D.
MDLXXXVII. PONT. III.

27.
Ibidem.
Ad Orientem.

CHRISTVS
PER INVICTAM
CRVCEM
POPVLO PACEM
PRÆBEAT
QVI
AVGVSTI PACE
IN PRÆSEPE NASCI
VOLVIT

28.
Ibidem.
Ad Septentrionem.

CHRISTI DEI
IN ÆTERNVM VIVENTIS
CVNABVLA
LÆTISSIME COLO
QVI MORTVI
SEPVLCHRO AVGVSTI
TRISTIS
SERVIEBAM

29.
Ibidem.
Ad Occidentem.

CHRISTV̄ DOMINV̄
QVEM AVGVSTVS
DE VIRGINE
NASCITVRVM
VIVENS ADORAVIT
SEQ̄ DEINCEPS
DOMINVM
DICI VETVIT
ADORO

INSCRIPT. PICENAE

30.
S. Spiritus in Saxia.
In sacrario.

SIXTVS PP. V.
IMPONIT EXCOMMVNICATIONEM
CONTRA QVOSCVMQVE EXTRAHENTES
VEL COMMODANTES SVPPELLECTILIA
ECCLESIÆ S. SPIRITVS IN SAXIA
IX. KAL. APRLS (&c) MDLXXXVII

31.
In area S. Susannae in Quirinali.
Ad fontem.

SIXTVS . V. PONT. MAX. PICENVS
AQVAM . EX . AGRO . COLVMNAE
VIA . PRAENEST. SINISTRORSVM
MVLTAR. COLLECTIONE . VENARVM
DVCTV . SINVOSO . A . RECEPTACVLO
MIL. XX. A . CAPITE . XXII. ADDVXIT
FELICEMQ. DE . NOMINE . ANTE . PONT. DIXIT
COEPIT . PONT. AN. I. ABSOLVIT . III. MDLXXXVIII

32.
In columna Trajani.
In fastigio ad simulacrum S. Petri.

SIXTVS V. B. PETRO APOST.
PONT. A. IIL

CLASSIS I.

33.
In bafi Lateranenfis obelifci.

Ad Meridiem.

CONSTANTINVS
PER CRVCEM
VICTOR
A S. SYLVESTRO HIC
BAPTIZATVS
CRVCIS GLORIAM
PROPAGAVIT

34.
Ad Orientem.

F. CONSTANTIVS AVG.
CONSTANTINI AVG. FIL.
OBELISCVM A PATRE
LOCO SVO MOTVM
DENIQVE ALEXANDRIAE
IACENTEM
TRECENTORVM REMIGVM
IMPOSITVM NAVI
MIRANDAE VASTITATIS
PER MARE TIBERIMQ.
MAGNIS MOLIBVS
ROMAM CONVECTVM
IN CIRCO MAX.
PONENDVM
S. P. Q. R. D. D.

35.
Ad Occidentem.

FL. CONSTANTINVS
MAXIMVS AVG.
CHRISTIANAE FIDEI
VINDEX ET ASSERTOR
OBELISCVM
AB AEGYPTIO REGE
IMPVRO VOTO
SOLI DEDICATVM
SEDIBVS AVVLSVM SVIS
PER NILVM TRANSFERRI
ALEXANDRIAM IVSSIT
VT NOVAM ROMAM
AB SE TVNC CONDITAM
EO DECORARET
MONVMENTO

36.
Ad Septentrionem.

SIXTVS V. PONT. MAX.
OBELISCVM HVNC
SPECIE EXIMIA
TEMPORVM CALAMITATE
FRACTVM CIRCI MAX.
RVINIS HVMO LIMOQ.
ALTE DEMERSVM MVLTA
IMPENSA EXTRAXIT
HVNC IN LOCVM MAGNO
LABORE TRANSTVLIT
FORMAEQ. PRISTINAE
ACCVRATE RESTITVTVM
CRVCI INVICTISSIMAE
DICAVIT
A. M.DLXXXVIII. PONT. IIII.

INSCRIPT. PICENAE

37.
In Lateranensi patriarchio.
In fronte.

SIXTVS V. PONT. MAX. ANNO IV.

38.
Ad Thermas Diocletiani prope viam Quirinalem.
Ad lavacrum.

SIXTVS PP. V.
PAVPERVM
COMMODITATI
MVLIERVM
EXTRVI FECIT
A. MDLXXXVIII.

39.
In bibliotheca Vaticana.
Supra priorem januam.

SIXTI V.
BIBLIOTHECA VATICANA

40.
Ibidem.
Ad secundae januae dexteram.

SIXTVS V. PONT. MAX.
BIBLIOTHECAM APOSTOLICAM
A SANCTISSIMIS PRIORIBVS ILLIS PONTIFICIBVS
QVI BEATI PETRI VOCEM AVDIERVNT
IN IPSIS ADHVC SVRGENTIS ECCLESIAE PRIMORDIIS
INCHOATAM
PACE ECCLESIAE REDDITA LATERANI INSTITVTAM
A POSTERIORIBVS DEINDE IN VATICANVM

VT

CLASSIS I.

VT AD VSVS PONTIFICIOS PARATIOR ESSET TRANSLATAM
IBIQ. A NICOLAO V. AVCTAM A SIXTO IIII
INSIGNIT. EXCVLTAM
QVO FIDEI NOSTRAE ET VETERVM ECCLESIASTICAE
DISCIPLINAE RITVVM DOCVMENTA OMNIBVS LINGVIS
EXPRESSA ET ALIORVM MVLTIPLEX SACROR. COPIA
LIBRORVM CONSERVARETVR
AD IPSAM ET INCORRVPTAM FIDEI
ET DOCTRINAE VERITATEM
PERPETVA SVCCESSIONE
IN NOS DERIVANDAM
TOTO TERRARVM ORBE CELEBERRIMAM
CVM LOCO DEPRESSO OBSCVRO
ET INSALVBRI SITA ESSET
AVLA PERAMPLA VESTIBVLO CVBICVLIS CIRCVM ET INTRA
SCALIS PORTICIBVS TOTOQ. AEDIFICIO A FVNDAMENTIS
EXTRVCTO
SVBSELLIIS PLVTEISQ. DIRECTIS LIBRIS DISPOSITIS
IN HVNC EDITVM PERLVCIDVM SALVBREM MAGISQ.
OPPORTVNVM LOCVM EXTVLIT
PICTVRIS ILLVSTRIBVS VNDIQVE ORNAVIT
LIBERALIBVSQ. DOCTRINIS
ET PVBLICAE STVDIORVM VTILITATI
DICAVIT
ANNO M. D. LXXXVIII
PONTIFIC. IIII

41.
Ibidem.
Ad secundas januae lacunas.

SIXTI V. PONT. MAX
PERPETVO HOC DECRETO DE LIBRIS VATICANAE
BIBLIOTHECAE CONSERVANDIS
QVAE INFRA SVNT SCRIPTA HVNC IN MODVM
SANCITA SVNTO
INVIOLATEQ. OBSERVANTOR

INSCRIPT. PICENAE

NEMINI LIBROS CODICES VOLVMINA
HVIVS VATICANAE BIBLIOTHECAE
EX EA AVFERENDI EXTRAHENDI
ALIOVE ASPORTANDI
NON BIBLIOTHECARIO NEQ. CVSTODIBVS
SCRIBISQ. NEQ. QVIBVSVIS ALIIS
CVIVSVIS ORDINIS ET DIGNITATIS
NISI DE LICENTIA SVMMI ROM. PONT
SCRIPTA MANV
FACVLTAS ESTO
SI QVIS SECVS FECERIT LIBROS
PARTEMVE ALIQVAM ABSTVLERIT
EXTRAXERIT CLEPSERIT RAPSERIT
CONCERPSERIT CORRVPERIT
DOLO MALO
ILLICO A FIDELIVM COMMVNIONE EIECTVS
MALEDICTVS
ANATHEMATIS VINCVLO
COLLIGATVS ESTO
A QVOQVAM PRAETERQVAM ROM. PONT
NE ABSOLVITOR

42.
Ibidem.
Supra interiorem januam penicillo expressa.

SIXTVS . V. PONT. MAX
BIBLIOTHECAM . HANC
VATICANAM
AEDIFICAVIT . EXORNAVITQ
AN. M.D.LXXXVIII. PONT.IIII

43.
S. Hieronymi Illyricorum.
In templi fronte.

SANCTO HIERONYMO DICATVM
SIXTVS V. P. M. ORD. MIN.

CLASSIS I.
TEMPLVM A FVNDAMENTIS EREXIT
PONT. SVI ANNO IV,
SAL. M.D.LXXXVIII.

44.
Ibidem.
In facie exteriori ad Occidentem.

SIXTVS V. P. M. ORD. MIN.
A FVNDAMENTIS EREXIT
ANNO PONT. SVI IV. SALVTIS MDLXXXVIII.

45.
Ibidem.
Supra Interiorem januam.
SIXTVS V. PONT. OPT. MAX.
SANCTI HIERONYMI ECCLESIAM
MAGNIFICENTIVS EXTRVXIT
TITVLVM COLLEGIO CANONICORVM
ADAVXIT
ET PRONEPOTIBVS SVIS D. D. PERETTIS
VENAFRAE PRINCIPIBVS IVSPATRONATVS
ATTRIBVIT
LOCI ET CLERI ORNAMENTO AC SECVRITATI

46.
Ibidem.
Ad aream maximam.
SIXTE OPVS HOC MVNVSQ. TVVM EST, TIBI PLAVDIT AB ASTRIS
ILLYRICVS TOTO NOTVS IN ORBE SENEX.

47.
Ibidem.
In laqueari.
SIXTVS V. PONT. MAX.
S. HIERONYMO ECCLESIAE DOCTORI

INSCRIPT. PICENAE

TEMPLVM HOC A FVNDAMENTIS ERECTVM
DICAVIT
ANNO MDLXXX.

48.
Ibidem.
In pariete.

VRBANO OCTAVO P. O. M.
QVOD PATRIS AFFECTV COMPLEXVS NATIONEM ILLYRICA
A. C. C. ANNIS IN HOC TEMPLO POSTEA A SIXTO V. A FVNDA
EXTRVCTO CONGREGATAM
EIDEM CONGREGATIONI TRANQVILLITATE REDDITA
DOMO S. CAII PP. M. ILLYRICI A FVND. EXCITATA
BAPTISTERIO S. COSTATINI IMP. ILLYR. ILLVSTRATO
SACRORVM MISTERIORVM LIBRIS ILLYRICIS PVRGATIS
ALVMNIS ILLYR. LAVRETANO COLLEGIO RESTITVTIS
IMMORTALIBVS BENEFICIIS AFFECERIT
ALEXANDRO S. R. E. DIAC. CARD. CAESARINO PROTECTORE
EADEM NATIO GRATI ANIMI HOC
MONVMEMTVM P. P.
ANNO DNI MDC. XXX.

49.
Ad Scalam Sanctam.
In fronte.

SIXTVS V. FECIT SANCTIORI LOCO SCALAM SANCTAM POSVIT
A. MDLXXXIX P. IV

50.
S. Hadriani in foro Boario.
In pariete.

SIXTVS V. PONT. MAX.
AN. M. D. LXXXIX. DIE VIII. APR.
                                                      HANC

CLASSIS I.

HANC ECC. S. HADR. FRATRIB. ORD. B. MARIAE DE MERCEDE
REDEMPTIONIS CAPTIVO$\bar{R}$ ANTEA APVD S. RVFINAM TRANSTYB.
COMMORANTIBVS DE CONSENSV AVG.CVSANI EIVSD.ECC.DIAC.CARD.
MOTV PROPRIO CONCESSIT
ATQ. EOD. AN. DIE VII. IVN. INVENTA SVNT IN ADITV CONFES.
CORPORA SS. MART. NEREI ACHILLEI ET DOMITILLAE. MARII
ET MARTHAE. PAPIAE ET MAVRI. TRIB. LOCVLIS DISTINCTA CVM
VETVSTIS INSCRIPTIONIB. QVAE ID. AVG. CARD. IN ALTARI MAIORI
A SE MAGNIFICENTIVS EXTRVCTO DECENTER COLLOCAVIT
PRAETER SS. PAPIAE ET MAVRI CORPORA QVAE RELIQVIIS
RETENTIS AD S. MARIAE IN VALLICELLA PIO IN EAM ECC. STVDIO
VNA CVM EOR. CAPIT. EX PONT. AVCTE TRANSFERRI CVRAVIT
SIMVLQ. IN EOD. ALTARI DVAS PLVMBEAS ARCVLAS INCLVSIT
QVARVM ALTERA QVAE IN VETERI SERVABATVR CONTINET
OSSA S. HADRIANI MARTYRIS
ET RELIQ. SS. TRIVM PVERO$\bar{R}$. SS. NEREI ACHILL. ET DOMITILLAE
SS. MARII ET MARTHAE S. HIPPOLITI S. SIMETRII PRAESB.
ALTERA QVAE IN CONFES. ERAT RELIQ. S. SIMEONIS PRAESB.
S. IVSTINI S. RENATI $\overline{EPI}$ ET ALIO$\bar{R}$. SS. QVO$\bar{R}$ NOMINA
IGNORANTVR . AC DEMVM CORP. SS. TRIVM PVERO$\bar{R}$ INTRA
CONFESS. IN CAPSA MARMOREA CVM SVA ANTIQVISS.
INSCRIPTIONE POSITA RELIGIOSIVS CONDIDIT
AN. AVTEM M.D.XCVII. DIE XI. MAII
CORPORA SS. NEREI ACHILL. ET DOMITILLAE CELEBRI POMPA
TRANSLATA SVNT IN TITVLVM EORVND. SS. NEREI ET ACHILL.
RELICTA HIC EO$\bar{R}$ PARTE . ID . AGENTE CAESARE BARONIO
EIVSD. TIT. PRAESB. CARD. ET ANNVENTE CLEM. VIII. PONT. MAX
ET DENIQVE
ALEX. VII. SVM. PONT. ET DECIO AZZOLINO DIAC. CARD.
RESTAVRATO TEMPLO PIA AC RELIGIOSA LIBERALITATE

F. ILDE.

INSCRIPT. PICENAE

F. ILDEPHONSI DE SOTOMAYOR TOTIVS P̄TI ORD. MAG. GEN.
ET POSTEA ARCHIEP. ARBOREN. P̄TA CORP. SS. TRIVM PVERORṂ
DIE XVI. DECEMB. EX ARA CONFES. IN SACELLVM
A LATERE EPISTOLAE PRO IPSIS VT DECENTIVS ASSERVARENTVR
NOVITER CONSTRVCTVM ADSTANTIB. EOD. DECIO CARD
M.A.ODDO EP̄O IEROPOLITANO VICESG.CAROLO AZZOLINO EIVSD
DECII GERM.FR̄E EP̄O BALNEOREGIEN. RELIGIOSIS HVIVS CONVENT
ET QVAMPLVRIMIS ALIIS
HONORIFICE TRANSLATA SVNT
AN. M. DC. LVI

§ I.
S. Mariae de Quercu.
In pariete.

SANCTISSIMVS . D. N. D. SIXTVS . DIVINA . PROVIDENTIA . PA-
PA . QVINTVS

CVSTODIBVS . ET . CONFRATRIBVS . CONFRATERNITATIS . SVB .
INVOCATIONE . BEATÆ . MARIE . DE . QVERQVV . NVNCVPATAE

VNIVERSITATIS . MACELLARIORṂ . IN . ECCLIA . EIVSDEM . SC̄Æ .
MARIÆ . DE . QVERQVV . REGGIONIS . ARENVLÆ . CANONICE . INSTI

TVTÆ . AD . INSTAR . ALIARṂ . ALMÆ . VRBIS . SOCIETATVM
VT . VNVM . CARCERATVM . QVEM . MALVERINT . EX . QVOCVNQ.
CRIMINE

DAMNATVM . CITRA . TAMEN . HERESIS . FALSÆ ; MONETÆ . FAL-
SIFICATIONIS . LITTERARṂ . SVPPLICATIONVM . CONCESSIONVM . ET

ALIARṂ . GRATIARṂ . APLICARṂ . LESÆ . MAIESTATIS . ASSASSINII .
ET . PROPINATI . VENENI . CRIMINA . ETIAM . SI . VLTIMO . SVP-
PLICIO . PLECTENDVS

VENI.

CLASSIS L

VENIRET . ET . HABITA . TAMEN . AB . HEREDIBVS . OFFENSI .
QVATENVS . ALIQVIS . EXISTAT . PACE . AD . LAVDEM . BEATIS-
SIMÆ . ET . SACRATISSIMÆ . DEI

GENITRICIS . SEMPER . VIRGINIS . MARIÆ . PRIMA . DNICA . POST .
FESTVM . NATIVITATIS . EIVSDEM . BEATÆ . MARIÆ . VIRGINIS .
ET . AD . DI

CTOR . CONFRATRVM . ELECTIONEM . SINGVLIS . ANNIS . PERPE-
TVIS . FVTVRIS . TEMPORIBVS . E . CARCERIBVS . EDVCERE . ET .
EDVCTVM . A

CRIMINE . HVIVSMODI . ET . POENA . EXINDE . PROVENIENTE .
LIBERARE . VALEANT . APLICA . AVCTORITATE . FACVLTATEM .
ET . AVCTORITATEM

CONCESSIT . ET . IMPARTITVS . EST . MANDANS . PRO . TEMPO-
RE . EXISTENTIBVS . DICTÆ . VRBIS . GVBERNATORI . ET . SENA-
TORI . AC . CAVSARV

CVRIÆ . CAMERÆ . APLICÆ . GNALI . AVDITORI . ET . ILLORVM .
LOCATENENTIBVS . NEC . NON . CONSERVATORIBVS . CÆTERISQ-
IVSTITIAE

MINISTRIS . ADMINISTRATORIBVS . ET . OFFICIALIBVS . VT . AD .
BENEPLACITVM . REQVISITIONEM . ET . SIMPLICEM . PETITIONEM .
ET . INSTAN

TIAM . DICTOR . CVSTODVM . ET . CONFRATRVM . AC . IPSIVS .
CONFRATERNITATIS . OFFICIALIVM . CARCERATVM . PER EOS . VT

PRÆFERTVR . ELIGENDVM . CONFRATERNITATI . SEV . CONFRA-
TRIBVS . ET . OFFICIALIBVS . SVPRADICTIS . IN . DIE . FESTO .
NATIVITATIS

BEATÆ . MARIÆ . VIRGINIS . SINGVLIS . ANNIS . PERPETVIS . FV-
TVRIS . TEMPORIBVS . REALITER . ET . CVM . EFFECTV . RELA-
XENT . AC . RE

LAXARI . FACIANT . ITA . QVOD . A . CARCERIBVS . VT . PRÆ-
MITTITVR . LIBERATO . LIBERE . VBIQ. LOCOR . IRE . REDIRE -
MORARI . NEGOCIA   QVE

INSCRIPT. PICENAE

QVE . TRACTARE . LICEAT . VOLENSQ. VT . OMNES . ET . SINGV-
LI . PROCESSVS . INQVISITIONES . ET . CONDEMNATIONES . CON-
TRA . EVM

FORMATI . ET . FORMANDI . PER . QVOSCVMQ. IVDICES . CITRA .
TAMEN . PRÆIVDICIVM . BONORVM . FISCO . INCORPORATORVM

CASSENTVR . ET . ABOLEANTVR . AC . CASSARI . ET . ABOLERI .
MANDENT . ET . FACIANT . PROVT . IPSEMET . SANCTISSIMVS .
D. N. CASSAVIT

ET . ABOLVIT . NVLLIVSQ. ROBORIS . VEL . MOMENTI . FVISSE .
SEV . FORE . DECREVIT . ITA . QVOD . CARCERATVS . RELAXAN-
DVS . PREDICTVS

NVLLO . VNQVA . TEPORE . MOLESTARI . POSSIT . ET . ALIAS ..
CV . CLAVSVLIS . PROVT . IN . LITTERIS . APLICIS . DESVPER .
SVB . PLVMBO . VT . MORIS . EST

EXPEDITIS . PLENIVS . CONTINETVR . SVB . DATVM . ROMÆ . IN
MONTE . QVIRINALI . ANNO . INCARNATIONIS . DOMINICÆ .
M. D. LXXXIX. SEXTO

KAL AVGVSTI . PONTIFICATVS . SVI . ANNO V. ET . IN . LIBRIS
CAMERE . APLICÆ . PER . D. TYDEVM . DE . MARCHIS . EIVSDEM
CAMERÆ . NO

TVM . REGISTRATIS . VIDELICET . LIB. III. SIGNATVRAE . EIVS-
DE . S. D. N. FOL. CXVI. DIE . XXV. OCTOBRIS . M. D. LXXXIX.

NICOLAO . DE . COLICIS . PRÆNESTIN. ET . IOANNE . BAPTISTA.
PISANO . NEAPOLITANO . CVSTODIBVS

ANTONIO . LOTTINO . LVCEN . CAMERARIO

52.
In Quirinali.
Ad basim equi marmorei Phidiæ .

SIXTVS V. PONT. MAX.
SIGNA ALEXANDRI MAGNI

CLASSIS L

CELEBRISQVE EIVS BVCEPHALI
EX ANTIQVITATIS TESTIMONIO
PHIDIÆ ET PRAXITELIS ÆMVLATIONE
HOC MARMORE
AD VIVAM EFFIGIEM EXPRESSA
A FL. CONSTANTINO MAX. E GRÆCIA
ADVECTA SVISQVE IN THERMIS
IN HOC
QVIRINALI MONTE COLLOCATA
TEMPORIS VI DEFORMATA LACERAQVE
AD EIVSDEM IMP. MEMORIAM VRBISQVE
DECOREM IN PRISTINAM FORMAM
RESTITVTA HIC REPONI IVSSIT
AN. M. D. LXXXIX. PONT. IV.

53.
Ibidem.
Ad eamdem basim ad laevam.

PHIDIAS NOBILIS SCVLPTOR
AD ARTIFICII PRÆSTANTIAM
DECLARANDAM
ALEXANDRI BVCEPHALVM
DOMANTIS EFFIGIEM
E MARMORE EXPRESSIT

54.
Ibidem.
Ad basim equi marmorei Praxitelis.

PRAXITELES SCVLPTOR
AD PHIDIÆ ÆMVLATIONEM
SVI MONVMENTA INGENII
POSTERIS RELINQVERE CVPIENS
EIVSDEM ALEXANDRI
BVCEPHALIQVE SIGNA
FELICI CONTENTIONE
PERFECIT

INSCRIPT. PICENAE

55.
Ad columnam Antoninam.
Ad Occidentem.

M. AVRELIVS IMP.
ARMENIS PARTIS
GERMANISQ BELLO
MAXIMO DEVICTIS
TRIVMPHALEM HANC
COLVMNAM REBVS
GESTIS INSIGNEM
IMP. ANTONINO PIO
PATRI DEDICAVIT.

56.
Ibidem.
Ad Meridiem.

SIXTVS V. PONT. MAX.
COLVMNAM HANC
COCHLIDEM IMP.
ANTONINO DICATAM
MISERE LACERAM
RVINOSAMQVE PRIMAE
FORMAE RESTITVIT
A. M. D. LXXXIX. PONT. IV.

57.
Ibidem.
Ad Orientem.

SIXTVS V. PONT. MAX.
COLVMNAM HANC
AB OMNI IMPIETATE
EXPVRGATAM
S. PAVLO APOSTOLO
AENEA EIVS STATVA
INAVRATA IN SVMMO
VERTICE POSITA D.D.
A. M. D. LXXXIX. PONT. IV.

58.
Ibidem.
Ad Septentrionem.

TRIVMPHALIS
ET SACRA NVNC SVM
CHRISTI VERE PIVM
DISCIPVLVM FERENS
QVI PER CRVCIS
PRAEDICATIONEM
DE ROMANIS BARBARISQ
TRIVMPHAVIT

59.
Ad obeliscum in area S. Mariae de Populo.

ANTE SACRAM ILLIVS AEDEM
AVGVSTIOR LAETIORQVE SVRGO
CVIVS EX VTERO VIRGINALI
AVG. IMPERANTE
SOL IVSTITIAE EXORTVS EST

CLASSIS I.

60.
Ibidem.

SIXTVS V. PONT. MAX.
OBELISCVM HVNC A CAES. AVG.
SOLI IN CIRCO MAX.
RITV DICATVM IMPIO
MISERANDA RVINA FRACTVM OBRVTVMQVE
ERVI TRANSFERRI FORMAE SVAE REDDI
CRVCIQ. INVICTISS. DEDICARI
IVSSIT
A. M. D. LXXXIX. PONT. IV.

61.
In area Capitolina.
Ad Marii trophea.

SIXTI V. PONT. MAX. AVCTORITATE
TROPHEA C. MARII VII. COS. DE TEVTONIS
ET CIMBRIS EX COLLE ESQVILINO ET RVINOSO
AQVAE OLIM MARCIAE CASTELLO
IN CAPITOLIVM TRANSLATA ERECTIS BASIBVS
ILLVSTRI LOCO STATVENDA CVRAVERE
PAVLVS AEMILIVS ZEPHYRVS
HIERONYMVS MORONVS   CONS.
POMPEIVS CAVALERIVS
DOMINICVS DE CAPITE FERREO PRIOR
ANNO SALVT. MDXC.

62.
In Vaticano.

SIXTVS V. PONT. MAX
AEDES LOCO APERTO AC SALVBRI
GRATO VRBIS ASPECTV INSIGNES
PONTIFICVM COMMODITATI FECIT
AN. MDXC. PONTIF. VI

INSCRIPT. PICENAE

63.

SS. Vincentii & Anastasii in Trivio.
In pariete majoris arae, dextrorsum.

D. O. M.
SIXTVS V. P. M.
PONTIFICIIS ÆDIBVS IN QVIRINALI AMPLIATIS
ET IN YSDEM PRIMVS SVPREMA MORTALIS VITÆ EXPLETA PERIODO
AD HANC APOSTOLICI PALATY PAROCHIALEM ECCLESIAM
VT EADEM EXIMYS AVGERETVR HONORIBVS
EX SVIS PRÆCORDYS PORTIONE DELATA
ROMANORVM PONTIFICVM
MONVMENTA PRIMA RELIQVIT
DIE XXVII. AVGVSTI M.D.X.C

64.

S. Michaelis ad Ripam.
sub pontificis protome.

SIXTO V.
FVNDATORI
OPTIMO

65.

In Academia Romana.
In fronte.

SIXTVS V. PONT. MAX.
INITIVM SAPIENTIAE
EST
TIMOR DOMINI

66.

In basilica Liberiana.
Ad sepulcbrum S. Pii Papae V.

PIO QVINTO PONT. MAX.
EX ORDINE PRÆDIC.
SIXTVS QVINTVS PONT. MAX.
EX ORDINE MINORVM
GRATI ANIMI MONVMENTVM
POSVIT

Ibi-

CLASSIS I.

67.
SS. XII. Apostolorum.
In Coenobio prope chori januam sub Imagine pontificis depicta.

SISTVS . V. PICENVS . P. M.
ORD. MIN. CON. DOMVM HANC
ÆDIFICIIS . FONTIBVS . REDDITIBVS
AC COLLEGIO
S. BONAVENTVRÆ INSIGNIVIT
CREATVS A. D. MDLXXXV.

68.
Ibidem.
In collegio S. Bonaventura sub pontificis simulacro.

ECCLESIÆ MAGIS QVAM ORDINI SVO

SYXTVS V.
PONTIFICV . PRINCIPV SAPIENTV
SVMMVS . OPTIMVS . MAXIMVS
HOCCE S. BONAVENTVRÆ COLLEGIV
EREXIT . DOTAVIT . STATVTISQVE
MVNIVIT .

69.
S. Mariae Majoris.
Ad pontificis mausoleum.

SIXTO V. PONT. MAX.
EX ORD. MINOR.
ALEXANDER PERETTVS
S. R. E. CARD. VICECAN.
EX SORORE PRONEPOS
PERFECIT

INSCRIPT. PICENAE

In basi sub simulacro.

SIXTVS . V. PONT. MAX.

CVPRIS . AD . LITTVS . SVPERI . MARIS . IN . PICENO . NATVS . MONTALTI . EDVCATVS

F. FELIX . PERETTVS . EX . ORD. MINOR. THEOLOGVS . ET . CONCIONATOR . INSIGNIS

HAERETICAE . PRAVITATIS . INQVISITOR . SVI . ORD. PROC. ET . VIC. GENERALIS

A . PIO . IV. PONT. MAX. CVM . VGONE . BONCOMPAGNO . CARD. LEGATO . APOSTOLICO . IN . HISPANIAM . MISSVS

PIO . V. PONT. MAX. OB . SPECTATVM . FIDEI . ZELVM . EXIMIE . CHARVS . AB . EOQVE

EPISCOPVS . S. AGATHAE . ET . S. R. E. CARD. FACTVS . MAGNISQ. NEGOTIIS . ADHIBITVS

SVMMO . SACRI . COLLEGII . CONSENSV . PONT. MAX. CREATVS . TOTO . PONTIFICATV

IVSTITIAE . PRVDENTIAE . ANIMIQ. MAGNITVDINIS . LAVDE . FLORVIT .

Ad dexterum sub anaglypho.

BEATVM . DIDACVM . HISPANVM . EX . ORD. FRATRVM . MINOR.
PHILIPPO . REGE . CATHOLICO . SVPPLICANTE
IN . SANCTORVM . NVMERVM . RETVLIT
CAPTIVIS . REDIMENDIS
PAVPERIBVS . IN . CVSTODIA . INCLVSIS
AD . AES . ALIENVM . DISSOLVENDVM
VIRGINIBVS . DOTANDIS
FRVCTVS . ANNVOS . ATTRIBVIT
VICTVM . PER . VRBEM . OSTIATIM . QVAERENTIBVS
DOMVM . IN . QVA . ALERENTVR . AEDIFICAVIT

CLASSIS I.

Ad sinistram sub anaglypho.

HIPPOLYTO . CARD. ALDOBRANDINO . LEG. IN . POLON. MISSO
CONTROVERSIAS . INTER . AVSTRIACAM . DOMVM
ET . SIGISMVNDVM . POLONIAE . REGEM . COMPOSVIT
EXVLVM . ET . PERDITORVM . HOMINVM
LICENTIAM . COERCVIT
PVBLICAM . TRANQVILLITATEM . RESTITVIT
VRBEM . AEDIFICIORVM . MAGNIFICENTIA
IN . PRIMISQ. VATICANA . TESTVDINE . ORNAVIT
AQVAM . FELICEM
OPERE . SVMPTVOSO . ADDVXIT

70.

In palatio Conservatorum.
Sub statua aenea pontificis sedentis.

SIXTO . V. PONT. MAX.
OB . QVIETEM . PVBLICAM
COMPRESSA . SICARIORVM . EXVLVMQVE
LICENTIA . RESTITVTAM
ANNONAE . INOPIAM . SVBLEVATAM
VRBEM . AEDIFICIIS . VIIS . AQVAEDVCTV
ILLVSTRATAM
S. P. Q. R.

Ad laevam.

PROSPERO COMITE
DE GENGA
CAMILLO CVCCINO
AEQVITE CHRISTI
BERNARDINO GEORGIO
COSS
AEQVITE OCTAVIO BVBALO
DE CACELLARIIS
PRI. CAP. REG.

INSCRIPT. PICENAE

Ad dextram.

ALEXANDRO MVTIO
DOMINICO CAPRANICO
IO. BAPT. PLANCA CORONATO
COSS.
TIBERIO MAXIMO
CAP. REG. PRIORE

Item ad laevam.

LVDOVICO SANCTINO
CAMILLO PAMPHILIO
P. MATTHIA PIGNANELLO
COSS
C. IVVENALIO MANECTO
CAP. REG. PRI. II.

72.
S. Andreae de Valle.
In pariete.

SANCTVS . SEBASTIANVS . MILES . CHRISTI . FORTISSIMVS
SAGITTIS . DIOCLETIANI . IVSSV . CONFIGITVR . VIRGIS . CAEDI-
TVR . IN . CLOACAM . DEIICITVR
INDE . A . LVCINA . MATRONA . ROMANA . EIVS . IN . SOMNIS .
MONITV . EXIMITVR
ET . IN . CALLISTI . COEMETERIO . CONDITVR . FACTI . INDI-
CEM . PLEBS . OLIM . VENERABVNDA .

AEDICVLAM . EXCITAVIT

CVIVS . HIC . NVPER . ALTARE . MAIVS . CVM APSIDE . STETIT
HANC . SIXTVS . V. P. M. EA . LEGE . AEQVARI . SOLO . PERMISIT
VT . ILLIVS . PARS . NOVAE . AEDIS . AMBITV . INCLVDERETVR .
AD . RETINENDAM . LOCI . RELIGIONEM . REIQ. MEMORIAM
MAPHAEVS . S. R. E. PRESBYTER . CARDINALIS . BARBERINVS
SIGNATVRAE . IVSTITIAE . PRAEFECTVS
HOC . VOLVIT . EXTARE . MONVMENTVM
ANNO . SALVTIS . IƆIƆCXVI

S. R. E. CARDINALES
CLASSIS SECUNDA.

1.
S. Clementis.
Sepulcrum cum statua jacente.

ANTONIO IACOBO VENERIO RACHANATEN. TT. S. CLEMEN
TIS PRAESBITERO CARDINALI EPO CONCHEN. MAGNANIMITATIS
CONSTANTIE SEVERITATIS FIDEI INTEGRITATIS EXEMPLO
CVNCTIS IN ROMANA CVRIA HONORIBVS AC IN OMNIBVS
PENE OCCIDENTIS ORIS MIRA CRTIA (sic) FELICISS. SVCCESSV
LEGATIONE PERFVNCTO IN CADINALEM (sic) OB MERITA TOTIVS
SENATVS SVFFAGIIS (sic) ASSVMPTO XISTVS IIII. PONT. MAX. B. P.
ANNVM AGENS LVII. III. NON. AVG. AN. SAL. MCCCCLXXIX. IN
PATRIA DECESSIT

2.
S. Marcelli.
Cum imagine depicta.

ASCANIVS PARISANVS
TOLENTINAS
S. R. E. CARD.
CAIACENSIS MOX ARIMINENSIS EPISCOPVS
QVI OB
EXIMIAS ANIMI DOTES
A CLEMENTE VII.
DATARIÆ APOSTOLICÆ PRÆPOSITVS
A PAVLO III.
IN AMPLISSIMVM CARDD. COLLEGIVM
COOPTA-

INSCRIPT. PICENAE

COOPTARI PROMERVIT
VTRIQVE PONTIFICI MAXIMO ACCEPTISSIMVS
LEGATIONIBVS VMBRIÆ PRIMVM AC PERVSIÆ
DEIN AD CÆSAREM CAROLVM V.
POSTREMO TERRESTRIS MARITIMIQVE LATII
EGREGIE PERFVNCTVS
RELIGIOSI ORDINIS SERVORVM B. MARIÆ
PROTECTOR
OBIIT PIETATE AC MVNIFICENTIA CLARVS
III. NON. APRIL. MDXLIX.
ET IN HOC SACELLO A SE CONDITO
SEPVLCRVM ELEGIT.

3.
S. Mariæ Majoris.
Cum Imagine depicta.

D. O. M.
DECIO . AZZOLINO . FIRMANO
S. R. E. CARD. HVIVS . BASILICÆ . ARCHIPRESB.
QVI . FIDEM . AC . INTEGRITATEM . SVAM
SIXTO . V. PONT. MAX. IN . CARDINALATV . PRIMVM
DEINDE . IN . PONTIFICATV . ITA . PROBAVIT
VT . ANNI . SPATIO . AD . SVMMAS . DIGNITATES
MERITO . EIVS . SIT . EVECTVS
MAIVS . IN . DIEM . PROBITATIS . SVÆ . DATVRVS . SPECIMEN
NISI . IMMATVRA . MORTE . PRAEREPTVS
IN . MEDIO . VITAE . CVRSV . DEFECISSET
VIXIT . ANN. XXXVII. MEN. III. DIES . VIIII
OBIIT . IX. OCTOB. MDLXXXVII
IOANNES . BAPTISTA . CARD. CASTRVCCIVS
MEMORIAE . CAVSA . AMICO . OPTIMO . POSVIT

CLASSIS II.

4.
Ibidem.
In pavimento.

DECIO AZOLINO FIRMANO
S. R. E. CARD. ET HVIVSCE BASILICAE
ARCHIPRESB.
A SIXTO V. PONT. MAX. CVI A SECRETIS ERAT
OB PERPETVAM FIDEM ET IN REBVS AGENDIS PRVDENTIAM
AD CARDINALATVM ASSVMPTO ET POST XXI. MENSES
EXTINCTO ÆTATIS SVÆ ANNO XXXVIII. MDLXXXVII·
P. D. N. PII GRATIQVE ANIMI SVI MONVMENTVM
BENEMERENTI POSVERE

5.
S. Helenae Credentiariorum.
In pariete.

IN . DEI . NOMINE . AMEN

ANNO . A . NATIVITATE . D. N. IESV . $\overline{CPI}$ (sic)
M.D.XCIIII. DIE . XVII. NOVEMB. POT^S S.^{MI} IN . $CH\overline{R}TO$
$P\overline{RIS}$. ET . D. N. D. CLEM. DIVINA . PROVID.^{A} PAPÆ . VIII. A$\overline{N}$O . III
ILL.^{MVS} ET . R.^{MVS} D.ALEXANDER . PERETTVS TIT. S.^{TI} LAVREN.^{TII}
IN . DAMASO . DIAC.^{S} CARD.^{LIS} MONTALTVS. S.^{MI} $\overline{DN}$. PAPE . VICE
(sic)CANC.^{S} ET . PRO. SO. R.P.D. BERNARD.^{S} MORRA. VTR.SIGNA^{RE}
EIVSD.S.^{MI} D.N.PAPÆ . REFER.^{S} VIGORE . INDVLTI . LITERARVM
APOST.^{RVM} FACVLTATIS . EIVS . CONCESSÆ . SVPPRIMENDI
NON$\overline{V}$LLAS ECCLESI.^{AS} PARROCHIALES . VRBIS . ET . ILLAS . EOR
ARBITRIO . CONFER$\overline{E}$DI . ET . CONC$\overline{E}$DENDI . PROVT . IN
H$\overline{M}$ODI . LI$\overline{T}$RIS . IN . FORMA . BREVIS . SVB . ANVLO . PISCATORIS

Inscript. Pic.   E   EXPE-

EXPEDITIS . SVB . DATV̄ . ROMÆ . APVD . S. MARCVM . DIE . XV
SEPTEBRIS . MDLXXXXIV. ECL.^{AM} PAR.^{EM} S.NICOLAI. DE. MOLINIS. DE
REGIONE . S. EVSTACHII . VRBIS . SVPPRESSIT . ET . DEINDE
ILLAM . VEN.^{LI} CONFRATERNITATI . CREDENTIARIOR . VRBIS
ET . PRO . EA . D. D. BARTO^{MEO} . VITO . PRIORI . LAVRETIO .
TORNARINO
IOI . SAVAGGIANO . ET . PETRO . CASSAIO . CREDĒTIERIIS . A .
DICTA
CONFRAT.^{B} AD . ID . DEPVTATIS . CONTVLIT . ET . CONCESSIT
SVB . ĀNVA . RECOGNITIONE . ET . RESPONTIONE (&c) . VNIVS
LIBRÆ . CERÆ . ALBÆ . SINGVLIS . ANNIS . CONSIGNAN. VEN.^{LI}
ET. COLLEGIATÆ . ECCL.^{E} S.^{TI} LAVRETII . IN. DAMASO . PROVT. DE
D.^{TA} COCESSIONE . ET . DE . LITERIS . APL^{CIS} IBID. REGISTRA-
TIS . ET . DE
DEPVTATIONE . D.^{I} R. P. D. BERNARDINI . PER . LRAS. PATENTES .
SVB . DIE . X . OCTOBRIS . M. DLXXXIV. IBID. ET . IAM
REGISTRATAS . CONSTAT
EX . INSTRVMĒTO : PVB^{CO} . ROGATO . PER . D.
ANTONIV̄ . MAINARDV̄ . CVRIÆ . ILL^{MI} D. A. C. NOTVM
SVB . DICTA . DIE
AD . CVIVS . REI . PERPETVAM . MEMORIAM
OFFICIALES . D.^{E} VEN.^{LIS} CONFRATER.^{TIS} SANCTAE
HELENE . CREDENTIER . VRBIS . LAPIDEM . HVNC
INCIDI . ET . IN . PVBLICVM . HNC . ESPONI (&c) CVRARVNT
ANNO . DOMINI . M. D. CXXVII.

L. C

CLASSIS II.

6.
S. Calixti.
In lacunari.
ALEX. CARD
MONTAL. CONGR
CAS. PROTECTOR
PAVLI . V. P. M.
PONTIFICATVS
ANNO . IIII.

7.
S. Andreae de Valle.
Ad mausoleum pontificis.
In vertice.
PIVS PP. II.
Sub area.

PIVS II. PONT. MAX. NATIONE TVSCVS PATRIA SENEN. GENTE PICO
LOMINEA SEDIT AN. VI. AVGVSTA IN ANGVSTO PONTIFICATV
GLORIA

CONVENTVM CHRISTIANORVM MANTVAE PRO FIDE HABVIT

OPPVGNATORIBVS ROM. SEDIS INTRA ATQ. EXTRA ITALIAM
RESTITIT

CATHARINAM SENEN. INTER SANCTAS CHRISTI RETVLIT IN GALLIA
PRAGMATICAM ABROGAVIT FERDINANDVM ARAGONEN. IN RE-
GNVM

SICILIAE CIS. FRETVM RESTITVIT REM ECCLESIAE AVXIT FODINAS
INVENTI TVM PRIMVM ALVMINIS APVD TOLFAM INSTITVIT CVLTOR
IVSTITIAE ET RELIGIONIS ELOQVIO ADMIRABILIS PARATA CLASSE
AC VENETORVM DVCE CVM SVO SENATV COMMILITONIBVS CHRI-
STI HABITIS

IN BELLO TVRCIS INDICTO ANCONAE DECESSIT EX PATRVM DE-
CRETO IN VRBEM

RELATVS IN BASILICA S. PETRI AN. MCCCCLXIIII CONDITVR TVM
RELICTO

INSCRIPT. PICENAE

IBIDEM CAPITE S. ANDREAE APOST. VBI AD SE EX POLOPONESO
ADVECTVM COLLOCARAT
ALEXANDRI PERETTI CARD.MONTALTI PIETATE HVC CVM PII III.
NEPOTIS OSSIBVS
SVMMO TRANSLATVS HONORE HIC HONORIFICE TVMVLATVR
KAL. FEBR. AN. MDCXXIII.

Sub eadem inscriptione.
ALEXANDER PERETTVS
S. R. E. VICECANCELL.
CARD. MONTALTVS
IN PICCOLOMINEORVM DOMO
A CONSTANTIA AMALPHIS DVCE
CLERICIS REGVLARIB. DONO DATA
B. ANDREAE TEMPLVM AEDIFICAVIT
PIO II. P. M. MONVMENTVM
RESTITVIT ET ORNAVIT
AN. SAL. MDCXIIII

8.
Ibidem.
Ad alterum mausoleum.
In vertice.
PIVS III

Sub urna.
PIO III. PONT. MAX. PII II. NEPOTI
CVNCTIS VIRTVTIBVS ORNATISSIMO
POST LEGATIONES VRBIS PICENI GALLIAE
ATQ. GERMANIAE INTEGERRIME OBITAS
AD SVMMVM PONTIFIC. EVECTO VI. ET XX. DIE
PVBLICO OMNIVM LVCTV VI MORTIS ARREPTO
IACOBVS ET ANDREAS FRATRI SANCTISS. POSS.
VIXIT ANN. LXIIII. M. V. D. X.
OBIIT AN. SAL. MDIII. XV. KAL. NOVEM.

CLASSIS II.

Sub eadem inscriptione.

ALEXANDER PERETTVS
S. R. E. VICECANCELL.
CARD. MONTALTVS
SEPVLCHRVM PII III. PONT. MAX.
ET PII II. EX ADVERSO POSITVM
PAVLO V. P. M. CONCEDENTE
E VATICANO TRANSLATVM
MAGNIFICENTIVS REPONENDVM
CVRAVIT
AN. SAL. MDCXIIII

9.
SS. Trinitatis Peregrinorum.
In coenaculi pariete.

ALEXANDRO . PERETTO . S. R. E. CARD. MONTALTO
VICECANCELLARIO
HVIVS. XENODOCHII . PATRONO . CVIVS
INTEREA . INOPIAM . INGENTI . SVPPEDITATO . AERE
SAEPE . AC . SVBINDE . LEVAVIT . VT . SVAE . FRVCTVM
MVNIFICENTIAE . COMMVNI . PEREGRINORVM . HOSPITIO
LARGITER . IMPARTITVM . CVM . TOTO . TERRARVM . ORBE
COMMVNICARET
SODALITAS . AD . GRATI . ANIMI . TESTIFICATIONEM
POS. ANNO . DNI . M.DC.XXIIII

10.
S. Andreae de Valle.
In pariete, supra interiorem januam.

TEMPLVM MOLE ET CVLTV AVGVSTVM
AB ALEXANDRO CARD. MONTALTO IN VRBIS CENTRO
BASILICE EXCITATVM
ALEXANDRI VII. P. O. M. INGENITAE MVNIFICENTIAE
SVPREMAM SVI SPLENDORIS MAIESTATEM DEBET
QVIPPE VLTIMIS VOTIS FRANCISCI PERETTI CARD. MONTALTI
VT EXTIMA EIVS FACIES OPVLENTIS PROVENTIBVS

PER

INSCRIPT. PICENAE

PER ILLIVS OBITVM APOSTOLICAE SEDI MOX DEVOLVENDIS
EXORNARETVR
CLEMENTISSIME INDVLSIT
REGVLARES CLERICI
SACRAS EXIMIAE LIBERALITATIS PRIMITIAS
A TANTO PONTIFICE DIVO ANDREAE DICATAS
SIBI ET EIVS TEMPLO GRATVLATI
OBSEQVIOSIS ILLIS GRATISQ. LITTERIS
AD PERPETVVM POSTERITATIS DOCVMENTVM
EVVLGANDAS CENSVERVNT
ANNO XPI DNI MDCLV. ALEXANDRI VII. PONTIFICATVS PO

11.
S. Susannae.
In fronte ecclesiae.

HIER. EPI. PORT. CARD. RVSTICVCIVS PAPAE VICAR. A. M.DCIII

12.
Ibidem.
Supra interiorem januam.

HIER. CARD.
RVSTICVCIVS
EPISC. ALBANEN.
PP. VICARIVS
M.D.XCIX

13.
Ibidem.
In cryptis.

HIERONYMVS RVSTICVCIVS
S. R. E. PRESB. CARD.
TITVLI HVIVS ECCLESIAE
VICARIVS PAPAE

MONV-

CLASSIS II.

MONVMENTVM AD SS. MARTYRES
DEVOTIONIS CAVSA
VIVENS SIBI POSVIT
ANNO AETATIS SVAE LIX
SAL. HVM. M.D.XCV
OBIIT XIV. IVNII M.DCIII

14.
S. Laurentii in Lucina.
In pariete.

EVANGELISTA PALLOTTA TT. S. LAVRENTII
IN LVCINA PRESB. CARD. CVSENT. HAS ÆDES
CONSTRVI ET IN HANC FORMAM REDIGI
SVO ÆRE IVSSIT ANNO MDCX

15.
In basilica Vaticana.
Ad aram SS. Simonis & Judae.

CORPORA SS. SIMONIS ET IVDÆ
APOSTOLORVM
SVB ALTARI ANTIQVISSIMO IN VATICANA BASILICA
EORVM NOMINI DICATO
AD MERIDIEM INTER QVINTAM ET SEXTAM COLVMNAM
AB INGRESSV MEDIÆ NAVIS
I. OCTOBRIS ANNI INFRASCRIPTI
INTRA MARMOREAM ARCAM
IVXTA VETEREM TRADITIONEM REPERTA
CVM EA PARS ECCLESIÆ RVERET
PAVLI V. PONT. MAX. IVSSV
EVANGELISTA PALLOTTA TIT. S. LAVRENTII IN LVCINA
CARDINALIS CVSENTINVS EIVSDEM BASILICÆ ARCHIPRESBYTER
IN NOVVM TEMPLVM TRANSTVLIT
ET SOLEMNI RITV HAC SVB ARA RECONDIDIT
DIE XXVII. DECEMBRIS FESTO S. IO. EVANGELISTÆ
ANNO MDCCV
PONTIFICATVS EIVSDEM S. D. N. ANNO PRIMO

INSCRIPT. PICENAE

16.
S. Mariae Majoris.
Sepulcrum cum protome.

D. O. M.
MARIANO . PERBENEDICTO
S. R. E. CARD. DE . CAMERINO . EPISCOPO . TVSCVLANO
QVI . AVITAM . NOBILITATEM . MVLTIPLICI . DOCTRINA
VITAE . INTEGRITATE . SCELERVM . ODIO
REI . CATTHOLICAE . ECCLESIASTICAE . LIBERTATIS
ET . PVBLICI . BONI . ACRI - STVDIO . ILLVSTRAVIT
A . GREG. XIII. ABBAS . ET . EPISC. MARTIRANI
A . SIXTO . V. PRAEFECTVS . VRBIS . ET . CARD. CREATVS
A . GREGORIO . XIIII. ET . AMPLIORI . CVM . POTESTATE
AB . INNOCENTIO . IX. CLEMENTE . VIII. LEONE . XI.
TRIBVNALIBVS , ECCLESIASTICAE . DITIONIS
ET . POLITICIS . CONSVLTATIONIBVS . PRAEPOSITVS
A . S. D. N. PAVLO . V. DONEC . SCIPIONEM . BVRGHESIV . NEPOT.
VOTIS . COMMVNIBVS . CARDINALEM . DARET
NEGOTIIS . OMNIBVS . ECCLESIASTICI . STATVS
ETIAM . MILITARIBVS . PRAEFECTVS
QVIBVS . ALIIS . MVNERIBVS . PRAECLARE . GESTIS
OBIIT . ANNO . AETATIS . LXXII.
SALVT. CIƆ. IƆ. C. XL. XIII. KAL. FEBRVARII
MARIANVS . PERBENEDICTVS . NEPOS . ET . HERES
PATRVO . DE . SE . BENEMERITO . MOESTISS. P. C.

17.
S. Auguſtini.
In pariete cum imagine depicta.

F. GREGORIO . PETROCHINO . A . MONTE . ELPARO
S. R. E. EPISC. CARD. PRAENESTINO

QVI .

CLASSIS II.

QVI . A . PRIMA . AETATE . CVM . SE . ORDINI . EREMIT.
S. AVGVSTINI . DICASSET
PER . SINGVLOS . EIVS . GRADVS
AD . SVPREMVM . REGIMEN . EVECTVS
INDE . OB . SPECTATA . VIRTVTVM . MERITA
A . SIXTO . V. PONT. MAX.
IN . AMPLISSIMVM . COLLEGIVM . COOPTATVS
CVMQ. IN . OMNI . VITA . TANTO . SE . HONORE
MAIORIBVSQ. INCREMENTIS
DIGNISSIMVM . PRAESTITISSET
MORIENS . TANDEM . AD . B. MATRIS . MONICAE . PEDES
QVAM . PRAECIPVA . VIVENS . PIETATE . COLVERAT
SE . DEPONI . ANTEQVE . EIVS . ARAM
BINAS . PERPETVO . LAMPADES . COLLVCERE
SACRVMQ. IBIDEM . BIS . QVOTIDIE . FIERI
A . TEMPLI . HVIVS . SACERDOTIBVS
PRO . ANIMAE . SVAE . SALVTE
TESTAMENTO . MANDAVIT
LEGATIS . COENOBIO . AVREIS . BIS . MILLE
QVIBVS . ANNVVM . PERPETVVM . REDITVM
AD . PRAEDICTA . COMPARARENT
IACOBVS . PHILIPPVS . PETROCHINVS . HAERES
PATRVO . OPTIMO . P. C. AN. SAL. MDCXLII

18.
Ibidem.
Humi.

D. O. M.
FRATRI GREGORIO PETROCHINO A MONTE ELPARO
S. R. E. EPISCOPO CARDINALI PRAENESTINO

Inscript. Pie.   F   VIRO

INSCRIPT. PICENAE

VIRO DIVINARVM RERVM SCIENTIA VITAE INNOCENTIA
MORVM SVAVITATE MIRA HVMANITATE
TOTI AVLAE CONSPICVO
QVOD COMMVNI AVRA ET BENEVOLENTIA IN OMNI VITA
PVBLICO MOERORE ET LVCTV IN MORTE COMPROBAVIT
VIXIT ANNOS LXVI MENSES III DIES VIII
OBIIT XIII KAL IVNII MDCXII
IACOBVS PHILIPPVS PETROCHINVS NEPOS
ET EX TESTAMENTO HERES
PATRVO OPTIMO ET BENEMERENTI
CVM LACHRYMIS P. C.

19.
S. Mariae de Aracoeli.
In facrario, humi.

ANT. MARIAE CARD. GALLO
SAC. COLL. DECANO
PATRICIO ET EPO AVXIMANO
ALMAE DOMVS LAVRETANAE
PROTECTORI
PETRVS STEPHANVS GALLVS
EX TESTAMENTO HAERES
PATRVO BENEMEREN
POSVIT

20.
S. Silveſtri in Quirinali.
Humi.

D. O. M.
IACOBO . SANNESIO
S. R. E. CARDINALI
EPISC. VRBEVETANO

CLE-

CLASSIS II.

CLEMENS . SENNESIVS
MARCHIO . COLLISLONGI
FRATRI . OPTIMO
POSVIT
OBIIT XX FEBRVARII
MDCXXI

21.
S. Laurentii in Panisperna.
Hemi.

D. O. M.
FRANCISCO MASSARIO
CASPERIENSI
HONESTO GENERE ORTO
VIRO
MORVM CANDORE
ANIMI MODESTIA
ET IN REB. AGENDIS SOLERTIA
NVLLI SECVNDO
QVI
DVM AD HONORIFICA MVNERA
GRADVM SIBI FACERET
PRAEPROPERA MORTE PRAEVENTVS
OBIIT DIE XV. IVLII MDCLXXX.
AETATIS SVAE ANNO XLI.
DECIVS CARD. AZZOLINVS
FAMILIARI CHARISSIMO
OB SPECTATAM FIDEM B. M. P.

22.
In templo Vallicelliano.
Hemi.

DEO OPT. MAX
VIXIT
DECIVS CARDINALIS AZZOLINVS FIRMANVS

EGRE-

INSCRIPT. PICENAE

EGREGIA FIDE INVICTA ANIMI FORTITVDINE
APOSTOLICÆ SEDI PERPETVO ADDICTVS
SVMMIS PONTIFICIBVS ACCEPTISSIMVS
APVD QVOS
CONSILIO POTENS OPERE STRENVVS
MAGNÆ CHRISTINÆ ALEXANDRÆ
ORTHODOXÆ SVECORVM REGINÆ
EX TESTAMENTO HÆRES
OBIIT
VI. ID. IVN. MDCLXXXIX
ÆTAT. LXVII.

23.

S. Johannis in Laterano.
Sepulcrum cum protome ex anaglypho.

D. O. M.
GABRIELI PHILIPPVCCIO
PATRITIO MACERATENSI
HVIVS BASILICÆ CANONICO
DIVINI HVMANIQVE IVRIS SCIENTISS.
QVI POST VARIOS HONORVM GRADVS
A CLEMENTE XI. P. M.
SACRO PVRPVRATORVM PATRVM
COLLEGIO ASCRIPTVS
DELATAM VLTRO DIGNITATEM
SINGVLARI CHRISTIANÆ MODESTIÆ EXEMPLO
RECVSAVIT
FRANCISCVS DE VICO V. S. R. EIVSD. BAS. CAN.
AVVNCVLO BENE DE SE MERITO
P. C.
VIXIT ANN. LXXVI. OBIIT A. S. MDCCVI.

CLASSIS II.

24.

S. Clarae.

In pariete cum imagine depicta:

D. O. M.
CHRISTIANAM HVMILITATEM
NOSTRO ÆVO REDIVIVAM
IN GABRIELE PHILIPPVCCIO
PATRITIO MACERATENSI
MIRABITVR POSTERITAS
HIC
SVI IPSIVS VICTOR ET HOSTIS
CILICIO IEIVNII DOMATO CORPORE
MENTE AB OMNI FASTV REVOCATA
AVLÆ ILLECEBRIS IMMOTVS
COLLATAM SIBI
CARDINALATVS
AMPLISSIMAM DIGNITATEM
A SS. D. N. CLEM. XI. P. O. M.
CONSVMMATIS LABORIBVS DEBITAM
CONSTANTI ANIMO DIMISIT
DOCTISSIMI ET PRÆCLARISSIMI
VIRI GLORIAM
AMICI OPTIME MERITI
INTEGRITATEM
ABBAS GVIDO BOVIVS
PATRICIVS BONONIEN.
ÆTERNITATI CONSECRABAT
ANNO RESTITVTÆ SALVTIS
MDCCVI

SS. XII.

INSCRIPT. PICENAE

25.

SS. XII. Apostolorum.
Hami.

D. O. M.
IOSEPHO TIT. S. MARIÆ
ANGELORVM
PRESBYTERO CARDINALI
VALLEMANO FABRIANENSI
POST AMPLISSIMA S. SEDIS
MVNERA
CVM EXIMIÆ FORTITVDINIS
ET INTEGRIT. LAVDE PERACTA
AD PAL. APLI PRÆFECTVRAM
AC SAC. PVRPVRÆ DECVS EVECTO
A SVM. PONT. CLEMENTE XI
ORDINIS MINOR. CONVENTVALIVM
PROTECTORI
OBIIT DIE XV DECEMBRIS . AN. IVBIL
MDCCXXV HIC CONDITO
COMES RAYNALDVS
VALLEMANVS F. F.
M. M. P.

26.

S. Salvatoris in Lauro.
Sepulcrum cum protome.

D O M
PROSPERO MAREFVSCO MACERATENSI S. R. E. CARDINALI
PONT. MAXX. BENEDICTI XIII ET CLEMENTIS XII. VIC. GEN.
A SAC. COGNITIONIBVS OPTIM. PRINCIPVM CLEMENTIS XI
INNOC. ET BENED. XIII. VIX. AN. LXXVIII. M. IIII. D. XXVI.
MARIVS MASS. MAREFVSCVS S. RIT. CONG. A SEC.
HERES AVVNCVLO B. M. F. I.

Ibi.

CLASSIS II.

27.
Ibidem.
Humi.

· PROSPER
S. R. E. PRESB.
CARD. MAREFVSCVS
H. S. E.

28.
Ibidem.
Sepulcrum cum protome.

D. O. M.
RAYNERIO SIMONETTO AVXIMANO
AD VTRIVSQE (&c) SICILIAE REGEM LEGATO
VRBIS PREFECTO
S. R. E. CARDINALI ET EPŌ VITERBIEN.
COMES FRIDERICVS SIMONETTI GERM. FRAT. ET HAERES
POSVIT
VIX. ANNOS LXXIII. M. VIII. D. VIII
OBIIT XX. AVG. MDCCXLIX.

EPIS-

INSCRIPT. PICENAE
EPISCOPI
CLASSIS TERTIA.

1.

S. Mariae in Cupella.
In pariete.

ANN DNICE INCARNATIOIS M
CXIII INDIC. VI. DIE VIII. MAR
CSECRATV E H' ALTARE IN HONOR
DNI NRI IHV XPI ET BTE MARIE
VIRG. ET OIV APLORV ET SCOR
MR STEPHI ET LAVRI TEPE
DONI PASCHALIS SECDI PP
ET RECDITE ST IN EO RELIQ
SCOR APLOR PETRI ET PAVLI
NEC NON BI THOME APLI ET
SCOR BLASII MARTINI MAR.
ET BTE QVIRIACE VIDVE
PER MAN' EPI SABINENSIS
ET PRENESTINI NEC NO EPI
ASCVLAN' ET TYBVRTIN'

2.

S. Sabinae.
In pariete.

ANN. DNI M.CC.
XLVIII. PONTIFICAT.
DNI . INNOCENTII . IIII
PP. ANNO . V. ASSISTE
NTIB'. EPIS . VENERAB'   LIB'.

CLASSIS III.

LIB'. VERVLANO . OLO
LENSE . ASCVLANO
FERIA ɃIL QVARTE HEBDO
MADE . IN . XL͞ QVANDO
LEGR . EV͞AGL͞M . DE CE
CONATO . C͞SECRAT͞V . E̅
HOC . ALTARE . AD . HO
NOR͞E . SC͞OR͞V . ANG͞LO
R͞V . Ƥ . VENERABIL͞E . EP͞M
HOSTIENS͞E . Q . AVCTO
RITATE . D͞NI . P͞P. POSVIT
A͞NVATI . I͞DVLGET͞IA . VNI'
A͞NI . ET . VNI'. QVADRAGENE
Q̄ . DVRAT . A . DIE . C͞SECRA
TIONIS . VSQ̄ . I͞ . DI͞E . OC
TAVE . PASCHE .

3.
S. Mariae Majoris.
Humi, sepulcrum cum imagine ex anaglypho.

HIC IACET REVER͞EDVS
PATER D͞NS CASPAR ZACCHIVS EP͞VS AVXIMANVS GRECIS ET
LATINIS LICTERIS ERVDIT
ISSIMVS OBIIT ANNO D͞NI MCCCCLXXIV. MENS.NOV͞EBRIS DIE XXIII.

4.
S. Honuphrii.
Sepulcrum cum statua jacente.

LABOR . ET . GLORIA . VITA . FVIT
MORS . REQVIES

IOANNI ; SACCO . ANCONITANO . ARCHIEP. RAGVSINO , EPO. AN-
CON. PONT. MAX. INNO

INSCRIPT. PICENAE

CEN. VIII. ET . ALEX. VI. REFEREN.Q. ET . ADSISTENTI . PONTI-
FICIAE . LEGAT.

HONORIFICENTISSIME . AD . FRACOR. REGE . MISSO . PRINCIPI
MORTE . ALEX. VI. ILLO

TVMVLTV . FORMIDABILI . AD . VRBE . RO. QVA . ANTEA . DIV
REXRRAT . COMVNI

PATRI . DECRETO . CV . VALIDO . PRESIDIO . GVBERNADA . PRE-
FECTO . TOGATA . GALLIA

BELLO . ARDENTE . IMINETEQ . HOSTE . POTENTISS. AB . IVLIO .
II. BONONIE . ET . OMNI

ROMADIOLE . GVBERNAT. PREPOSITO . PLERISQ . CIVITATIB. RE-
CEPTIS . PROVINCIA

PACATA . HONOR . PLENO . PROBATO . POPVLO . PATRIE. CA-
RO . IN . SVMA

MODERATIONIS . DOCT. ABSTINET. INTEGRITQ. INGENTE . LAV-
DE . ADEPTO

OMNIV . MAG°. MERORE . SVMAQ. CVRIE . PONTIFICIE . IACTV-
RA . EXTINCTO
            VIXIT . AN. LVI. M. VIII. D. III.

ANT. EPS. PRENEST. CARD. S. PRAX. ET . IO. EPS. TVSCVL. CARD.
ALEX. CVM . FRE

CHERVBINO . FERRARIEN: HVIVS . CENOBII . PRIORE . EXEQVV .
PONEND. CVR. M.D.V

5.
S. Mariae de Aracoeli.
In pariete.

D. O. M.
ANGELO MASSARELLO SANSEVERINATI IN PICENTIB.
IVRIS VTRIVSQ. DOCT. EPO TELESINO
CHRISTIANA PIETATE AC DOCTRINA INSIGNI

QVI

CLASSIS III.

QVI CVM IVLII III. MARCELLI II. ET PAVLI IIII
SVMOR. PONT. A SECRETIS FVISSET
EODEM SECRETARII MVNERE
IN SACRO CONCILIO TRIDENTINO FVNCTVS EST
IN QVO ITA SE GESSIT
VT NIHIL EORVM QVÆ IN IPSO CONCILIO ACTA SVNT
VEL MINIMVM DESIDERETVR
MICHAEL ANGELVS ET CYNTHIVS PAMPHILVS
SORORIS FILIVS FRATRI ET AVVNCVLO DE SE
OPTIME MERITO MOERENTES POSVERE
VIX. AN. LVI. OB. XVII. KAL. AVGVSTI
M. D. LVI.

6.

S. Mariae supra Minervam.

In pariete cum imagine depicta.

D . O . M
HIERONYMO MELCHIORIO
EPO MACERATEN CLER. CAM. APOST. DEC.
CONCILII TRID. VNI EX PATRIBVS
SIGNAT. IVST. PRAEFECTO
BONONIÆ GVBERNATORI
SVMMA APVD OMNES ORDINES GRATIA
GENERE DOCTRINA PIETATE ILLVSTRI
VIX. AN. LXIV. OBIIT V. KAL. IVNII
M D LXXXIII.
BENEDICTO HIER. FRATRI GERM.⁰ I. V. C.
FORMA DOCTRINA VIRTVTE PARI
OBIIT IX. KAL. SEPT. AN. IVB. MDLXXV.
AETATIS SVÆ LIII.
MARCELLVS BENEDICTI FILIVS
PATRVO ET PARENTI
P.

INSCRIPT. PICENAE

7.
S. Spiritus in Saxia.
In pariete.

SEDENTE SIXTO V. P. O. M.
ANTONIVS MELIORIVS EPISCOPVS S. MARCI ET S. SPIRITVS IN SAXIA COMMENDATARIVS

PRIMAS A DEXTRO ET SINISTRO ADITVS LATERE CAPELLAS (&c) PICTVRA SCVLPTVRA ET OPERA

MAGNIFICE EXORNAVIT ANTERIORES ÆDIS PARTES INTERIOREMQ. PARIETVM AMBITVM

AVCTO CIRCVMCIRCA ORNAMENTO ILLVSTRAVIT SCALAM VIAM PVBL. IMPEDIENTEM

APTIORE ET COMMODIORE LOCO REPOSVIT SVMMAM DENIQ. TOTIVS ECCLESIÆ OPERI

ET ORNAMENTO MANVM MAGNA CVM DIGNITATE ET CELERITATE IMPOSVIT
ANNO DOMINI M.D.XC

8.
Ibidem.
In pariete.

D. O. M.
TESEO ALDROVANDO CANONICO REGVLARI . ET IO. BAPTÆ RVINO CARTVSIANO BONONIENSIBVS . HOSPITALIS S. SPVS IN SAXIA PRECEPTORIBVS . VIRIS PARI RELIGIONIS ET INTEGRITATIS LAVDE SPECTATISS.
ANTONIVS MELIORIVS PICENVS EPISCOPVS S. MARCI PIO IN
MORTVOS STVDIO
SVCCESSOR POSVIT ANNO D;
M. D. LXXXVIII.

CLASSIS III.

9.
S. Catharinae Funariorum.
Humi.

HIC . HABITABO . QVONIAM
ELEGI . EAM
ANDREAS . CANVTVS
EX . SANCTO . ELPIDIO
PICENVS . EPISCOPVS
OPPIDEN.
OBIIT . A. D. MDCX
AETATIS SVAE LXVIII

10.
S. Mariae de Populo.
Sepulcrum cum protome.

D O M
NICOLAI IV. PONT. MAX. ASCVLAN. AET. MEM.
COMITI MASCIO ASCVLANO
NICOLAI IV. PONT. MAX.
ILLVSTRI SERIE NEPOTI
SIXTI V. PONT. MAX.
LIBERALI MVNIFICENTIA ORNATO
EPISCOPATVS VESTEN. DIGNITATE AVCTO IVRIS
RELIGIOSISSIMO ECCLESIASTICAE LIBERTATIS
CLYPEO VIRTVTVM CORONA VBIQVE CONSPICVO
OPTIMO INTEGERRIMO
VIX. A. LX. DESIDERATVS DIE XIV. IVLII M. DC. XIII.
MARTIVS ELEPHANTVCCIVS PATRITIVS BONON
ANASTASIA MASCIA PATRITIA ASCVLAN
NEPTIS CONIVGES PATRVO B. M. P. C.

HEV

INSCRIPT. PICENAE

HEV MATRIS CRVDELE NEFAS MEA PIGNORA PARTVS
 PIGNORA DELICIIS PARTV , DOLORE NECO .
IVSTA DABAM PATRVI TVMVLO , LACHRVMASQVE CADENTES
 HIS LACHRVMIS INEANS , (&c) HOC AMOR AMNEREVIT (&c)
ME SAEVAM REDDIDIT PIETAS , DVM FVNERA PLORO ,
 INFERO , DVM VITAE STAMINA NECTO SECO ,
PRIMA DIES NATO NON FVLSIT , ET VLTIMA VENIT
 HOC VTERI PONDVS FVNERIS VRNA VEHO .
I PVER INFOELIX , MEDEAE VISCERA QVAERE
 ILLA FRVI SALTEM LVCE ORIENTE DARET

II.
S. Salvatoris in Lauro.
Humi.

D. O. M.
CAROLO AZZOLINO
PATRITIO FIRMANO
EPISCOPO BALNEOREGIENSI
DECII S. R. E. CARDINALIS
FRATRI GERMANO
SPECTATAE PROPITATIS
AC PRVDENTIAE VIRO
ANNO SAL. MDCLXXI. AETATIS
VERO SVAE LV. DEFVNCTO
DECIVS MARCHIO AZZOLINVS
GRATI ANIMI MON. POS.
ANNO D. MDCCXVI.

III.
S. Augustini.
Ad dexteram bibliothecae.

FRATER ANGELVS ROCCA CAMERS EPISCOP. TAGASTENSIS
ORDINIS FRATRVM HEREMITARVM SANCTI AVGVSTINI ALVMNVS
ET

CLASSIS III.

ET APOSTOLICI SACRARII PRÆFECTVS
BIBLIOTHECAM
OMNI ARTIVM ET SCIENTIARVM GENERE REFERTISSIMAM
VIRORVM ITEM ILLVSTRIVM ICONIBVS AD VIVVM EXPRESSIS
ORNATAM
LONGO TEMPORVM SPATIO
MAGNOQ. LABORE AC SVMPTV COMPARATAM
COENOBIO S. AVGVSTINI VRBIS STVDIOSORVMQVE OMNIVM
NON SOLVM RELIGIOSORVM
SED ETIAM CLERICORVM ET LAICORVM COMMODITATI
DAT DICAT DONAT
VT ANIMI GRATI PIETATEM ERGA FAMILIAM AVGVSTINIANAM
PARENTEM ALTRICEM SVAM
ET ERGA LITTERATOS LITTERARVMQVE AMATORES PROPENSIONEM
VIVIS POSTERISQVE PATEFACIAT
ANNO SALVTIS MDCV.

I 3.
Ibidem.
Ad ejusdem bibliothecae januam.

CAVTVM . EST . VT . NE . QVIS . HANC . BIBLIOTHECAM
VEL . MINIMAM . EIVSDEM . BIBLIOTHECÆ.
SEV . LIBRI . SIVE . CVIVSCVMQVE . ALTERIVS . REI
IN . DIPLOMATE . PONTIFICIO . CONTENTÆ
PARTEM . AVFERRE . ABSTRAHERE , ALIOVE
ETIAM . STVDENDI . COMMODITATE . ASPORTARE . AVDEAT
QVI . SECVS . FECERIT
ANATHEMATIS . VINCVLO . STATIM . ALLIGATVS . ESTO
NON . NISI . A . SVMMO . PONTIFICE . ABSOLVENDVS
QVI . VERO . DICTAM . BIBLIOTHECAM . VEL . MINIMAM . ITEM .
EIVS . PARTEM   VEN-

VENDERE . AVT . VLLO . PACTO . AB . HAC . DOMO . ALIENARE.
AVSVS . FVERIT
PRÆTER . EXCOMMVNICATIONIS . LATÆ . SENTENTIÆ . POENAM
BIBLIOTHECAM . IPSAM . VNIVERSAM
CVM . OMNIBVS . ET . SINGVLIS . REBVS . AD . EAM . SPECTANTIBVS
AD . CAMERAM . APOSTOLICAM . PRO . BIBLIOTHECA . VATICANA
ILLICO . DEVOLVTAM . ESSE . SCITO .

14.
Ibidem.
In pariete .

D. O. M.
F. ANGELO . ROCCHAE . CAMERTI . OR. ER. S. AVG.
EPISCOPO . TAGASTENSI . ET . APOSTOLICI . SACRARII . SVB
CLEM. VIII. LEONE . XI. ET . PAVLO . V. PP. MM. PRAEFECTO
INSIGNIS . BIBLIOTHECAE . ANGELICAE . FVNDATORI . AC
LIBERALISSIMO . LARGITORI . VIRO . ERVDITISSIMO
ET . DE . AVGVSTINIANA . RELIGIONE . OPTIME . MERITO
PIISSIMI . PATRES . AC . FF. S. AVG. DE . VRBE . GRATITVDINIS
ET . BENEVOLENTIAE . ARGVMENTO . POSVERE
OBIIT . ANNO . SALVTIS . MDCXX. DIE . VII. APRILIS
AETATIS . SVAE . LXXV.

15.
Ibidem.
Humi, cum imagine delineata .

R.^{MO} EPO TAGAST.^{EN}
F. ANGELO ROCCHÆ
CAMERTI
ORD. FR. S. AVGVST.
SACRARII APOST.

PRAE-

CLASSIS III.

PRÆFECTO INSIGNIS
BIBLIOTHECÆ ANGELICÆ
LIBERALISSIMO LARGITORI
VIRO ERVDITISSIMO
AC DE AVGVSTINIANA RELIGIONE
OPTIMEMERITO
PIISSIMI PATRES ET FRATRES
S. AVGVSTINI DE VRBE
GRATITVDINIS AC BENEVOLENTIÆ
ARGVMENTO POSVERE
DIE VIII. APR. MDCXX

16.
S. Nicolai ad Caesarinos.
Humi.

D O M
MARIO ANTONINO MACERATENSI
PORCVLÆ PRÆSIDATVS M. ALTI ORIVNDO
NEOCÆSARIENSI EPISCOPO
PLVRIBVS SACRISQ MVNERIBVS
AC PRO SANCTA REP. CHRISTIANA
INNVMERIS LABORIBVS FVNCTO
OBIIT SEPTVAGENARIVS
DIE XXII IVNII MDCXXXIII

IACOBVS ANTONINVS I. C. CONSOBRINO
AMANTISSIMO P.

INSCRIPT. PICENAE
ABBATES ET PRAESULES
CLASSIS QUARTA.

1.

SS. Trinitatis in Monte Pincio.
Humi.

GORO . GVALTERVTIO . IVRISCONSVLTO
IVSTITIAE . REFERENDARIO
DE . MAIORIQ. PRAESID. ABBREVIAT.
CAROLVS . CHARISS. FIL ORBATVS
MOERENS . H. M.
SIBIQ. AC . POSTERIS . POSVIT
VIX. ANN. XXXI. M. XI. D. XVIII
OB. III. NON. OCTOBR. SAL. AN. MDLIII

2.

S. Johannis in Laterano.
In pariete.

D. O. M.
BERNARDINO PORTO HVIVS ECCLESIAE CANONI
CO V. S. REFERE. ABBREVIATORI PARCI MAIOR.
PROTHONOTARIO APOST. PARTICIP. QVI AB IPSA
PVERITIA MAGNVM PIETATIS RELIGIONIS
ALIARVMQVE VIRTVTVM OMNIBVS SPECIMEN DE
DIT CVM AD MAIORA PROPERARET MORTE
PRAEVENTVS EST . ALEXANDRO PORTO VIRO STRENVO ET OECO
NOMICA LAVDE IN PRIMIS HONORATO
FABIO PORTO ADOLESCENTI BONE SPEI
ET HVMANIORIBVS LITERIS ERVDITO
ANTONIVS PORTVS PATRITIVS FIRMANVS

ET

CLASSIS IV.

ET ROMANVS CIVIS PATER MESTISSIMVS
DVLCISSIMIS FILIIS POSVIT
VIXIT BERNARDINVS AN. XLII. MEN. II
DIES XXIII. OBIIT VII. KAL. SEPTEMBR. M.D.XCVI
VIXIT ALEXANDER AN. XL. MEN. II. DIES
XVIII. OBIIT IDIBVS FEBRVARII EIVSDEM ANN
VIXIT FABIVS AN. XVII. MENS. III. DIES XXI
OBIIT X. KAL. MAII M.D.LXXVIIII.

3.
S. Mariae supra Minervam.
Humi.

D. O. M.
CINO CAMPANO AVXIMATI
VIRO PRAECLARISSIMO
SACRAE AVLAE CONSISTORIALIS ADVOCATORVM
DECANO
IN ROMANO GYMNASIO
LEGVM INTERPRETI PRIMARIO
ET CELEBERRIMO
IOANNES BAPTISTA
ANTONIVS MARIA ET HENRICVS
PATRI OPTIMO OPTATOQ.
POSVERE MOERENTES
OBIIT ANNO AETATIS LXIX
SALVTIS VERO
MDXCVI

4.
SS. Venantii & Ansovini.
Sepulcrum cum protome.

D. O. M.
PAVLO AEMILIO A MONTE ALTO S. MARIAE DE PATIRO ABBATI
DOMINICI ARCIS ANCONITANAE PRAEFECTI PERPETVI FILIO

INSCRIPT. PICENAE

EX NOBILISSIMA SILVESTRIA GENTE
SIXTI PAPAE V. EX CONSOBRINA NEPOTI
QVE͞ CLEMENS VIII. P. M. IN PVRPVRATOR͞ PATRV͞ NVMERV͞ DE-
SIGNAVERAT
NISI MERITORVM MAGNITVDINI VIRIV͞ IMBECILLITAS OBFVISSET
ANDREAS SILVESTRIVS FRATER
MARCHIÆ ANCONITANÆ ET DVCAT' VRBINATIS GNLIS THESAV-
RARIVS
MOERENS POSVIT
RANVCCIVS SCOTTVS BVRGI S. DONNINI EPISCOPVS
HELVETIORVM ET GALLIARVM LEGATIONIBVS
NEC NO͞ PROV. PICENÆ AC S. A. PALATII SVB INNOC. X. ET
ALEX. 7 (&c) PFECTVRIS
PERFVNCTVS .
DVM MONTIS ALTI ADMINISTRATIONI PRAEESSET
AMICO SIBI CHARISSIMO PONENDVM CVRAVIT
OBIIT ROMAE ANNO AETATIS SVAE LXXI SALVTIS MDCIIIL

5.
In Templo Farnesiano.
Humi.

D. O. M.
ANT. FRANC. ABBAS GIORIVS
ANGELI S. R. E. CARD. GIORII
FRATRIS FILIVS CAMERS
SPOLIVM MORTALITATIS HIC HABET
IN QVO MERVIT IMMORTALITATEM .
PIETATE IN DEVM
IN PAVPERES LARGITATE
INDOLE INGENIO SPE SVI
TAM CÆTERIS ACERBVS
QVAM SIBI MATVRVS OCCVBVIT
ÆTAT. (&c) AN. SAL. MDCXLVIII

S. Ni-

CLASSIS IV.

6.
S. Mariae in Monterone.
Hum.

D. O. M.
COSMO E PATRITIA SIMONETTA FAMILIA
NATO CINGVLI CIVI AVXIMI
QVI
POST EGREGIA ADOLESCENTIÆ RVDIMENTA
IVRIS PRVDENTIÆ LAVREA DECORATVS
OMNI VIRTVTVM GENERE COELITVM
MVNIFICENTIA IN PAVPERES MORTALIVM
PLAVSVM PROMERITVS
DŪ MATVRÆ SAPIĒTIÆ MIRA SPE PROLVDIT
IMMATVRÆ MORTIS TELO LEDITVR
SPE IN LVCTVM VERSA
DIES CLAVSIT CVM APERIEBAT
IVVENTVTIS IN AVRORA AGENS ANNŪ XXVIII
QVARTO NON. OCTOBRIS M.D.C.L.II
ABBAS ANNIBAL FRATRI CARISSIMO
HOC AMORIS ET DOLORIS MONVMENTŪ
LACRIMANS POSVIT

7.
S. Anaſtaſiae.
Hum.

D. O. M.
DOMINICO CAPPELLO DE ACCVMVLO PRAESBITERO ASCVLA-
NO I. V. D.
IBIDEM ECCLESIE S. AVGVSTINI ABBATI, PROTHONOTARIO APO-
STOLICO, IN VATICANA
  BIBLIOTHECA SACRORVM RITVVM SCRIPTORI SACROSNTÆ
BASILICÆ S. MARIÆ TRANSTIBERIM HVIVSCE ECCLESIÆ CANONICO
AC

INSCRIPT. PICENAE

AC INSIGNI BENEMERITO
SVB INNOC. XI. ALEXAN. VIII. AC INNOCEN. XII. SVMMIS PON-
TIFICIBVS
SACRI PALATII APOSTOLICI CÆREMONIARVM PRÆFECTO
QVO IN MVNERE EX INSTITVTIONE FRANCISCI MARIÆ PHOEBEI
ARCHIEP. TARSEN.
ACCVRATE, STVDIOSEQVE VERSATVS FVIT
VIXIT ANNIS LXVII. DIEBVS VII. OBYT VI. IDVS APRILIS ANNO SA-
LVTIS M.D.CXCVI
TIBVRTIVS FRATER I. V. D. ET CANONICVS PHILIPPVS CAPPELLVS
NEPOS
HOC GRATI ANIMI MONVMENTVM POSVERE

8.
In templo Farnesiano.
Hawl.

C. R.
SEBASTIANO DE SILVESTRIS RAIMVNDI F.
QVI CINGVLI NATVS
QVOD IPSIVS OLIM PATRVM SEDES FVIT
INFANTIAM IN PAVLI III. P. M.
SINV INDVLGENTIAQ. TRADVXIT
VITAE RELIQVVM
VSQ. AD DECREPITAM SED VEGETAM SENECTVTEM
IN ALEXANDRI RANVTII ODOARDI
FARNESIORVM CARDDD. CONTVBERNIO
QVOD QVADRIGENTIS ABHINC ANNIS
MAIORES BELLO FORTITER MERVERANT
CVM SPLENDORE ACTVM CLAVSIT AN. SAL. MDCXXII
HONORES COEPIT CVM PER ÆTATEM NOSSE NON POTERAT
VBI NOSSE POTVIT DESPEXIT
NAM OCTENNIS ADHVC
AESINAE CATH. PRIORATVS SS. QVATT. CORON. ABBATIA
ALIA-

CLASSIS IV.

ALIARVMQ. ECCLESIARVM CENSIBVS DONATVS
NVMQ. DEINDE ADDVCI POTVIT
VT SVBLIMIORES DIGNITATES
FREQVENTES ILLI OBLATAS ACCIPERET
OPES QVAS TANTVM LARGIENDO SVAS ESSE SENTIEBAT
EGENIS ATQ. RELIGIOSIS VIRIS ALENDIS
TEMPLIS ORNANDIS
AMICIS AC NECESSARIIS SVBLEVANDIS
MAGNIFICE DVM EFFVNDERET
TVM DEMVM SE FOENERARI EXISTIMAVIT
OBIIT NONAGENARIVS
RAIMVNDVS DE SILVESTRIS PRONEPOS
QVI PRIOR ET ABBAS SVCCESSIT
IMMATVRE ADHVC EREPTO
HOC MONVMENTVM
STATVIT

9.

SS. Quatuor Coronatorum.
Humi.

D. O. M.
NICOLAO ALEMANO AN
CONITANO BIBLIOTHECÆ
VAT. ET ARCIS ADR^æ ARCHI
VI PRÆFECTO EXIMIA PIE
TATE ET ILLVSTRI GRÆCE AC
LATINE ERVDITIONIS LAV
DE EDITIS ETIAM PRÆCLA
RIS INGENII MONVMENTIS
CONSPICVO QVI DVM ÆQ
PRÆCLARA PPEDIEM EDEN
DA ET A DOCTIORIB' EXPE
TITA MOLIRETVR NON SINE
ROM^Æ CVRIÆ DOLORE AC
MAGNO APVD OMNES OM

NIS

INSCRIPT. PICENAE

NIS ORDINIS VIROS EX MO
RVM ETIAM INGENVOR
SVAVITATE SVI DESIDERIO
RELICTO , HVMANIS CELO DI
GNVS ERIPITVR
GEORGIVS TROMBA LASCA
REVS ANC.^{VS} CARISS^O EX SORO
RE NEPOTI MERENS MERI
TISSIMO POSVIT
VIXIT ANN. XLIII. MEN. VI. D.
XII. OBIIT AN. DNI CIƆIƆC
XXVI. D. XXIV. IVLII TRIBVS
SV̄MIS PONT. QVIBVS FIDE
LISSIME AD XVI. PLVS MINVS
AÑOS INSERVIVIT
ACCEPTISSIMVS

ΠΡΟΣΔΟΚΩ ΑΝΑΣΤΑΣΙΝ
ΝΕΚΡΩΝ

20.

S. Mariae de Scala.

Humi.

DEO OPTIMO MAXIMO
RVSTICVCIO RVSTICVCIO
HIERONIMI CARDINALIS RVSTICVCIO FRATRIS FILIO
PATRITIO FANENSI ABBATI S. MARIÆ DE SITRIA
EIVSQVE SORORI LVDOVICAE RVSTICVCIÆ
QVI PARI IN OMNIBVS STVDIO AC VOLVNTATE
CÆLIBATV RELIGIONE T̄ DEV̄ LIBERALITATE T̄ PAVPERES
EXTRVENDO FANI CŒNOBIO ET INIBI ALENDIS
SACRIS VIRGINIBVS

OPES

CLASSIS IV.

OPES SVAS TESTAMENTO LEGARVNT
SPEM NACTI OPVLENTIOREM CAELESTIS HAEREDITATIS

PI (&c) FVNDATORIBVS OPTIMIS
EIVSDEM COENOBII SANCTAE TERESIAE VIRGINIS (&c)
GRATI ANIMI
MONIMENTVM POSVERE
ANNO RECVPERATAE SALVTIS M. DCXXVII
VIXIT RVSTICVCIVS ANNOS LXX
OBIIT IV IDVS IANVARII M. DCXXV.
LVDOVICA ANNOS LXII
OBIIT XVIII KALENDIS IVLII

§ I.
S. Salvatoris de Cupellis.
Hami.

D. O. M.
MARCHIONI . IOSEPH . AND.ᴱ
SCARAMVTIO
PATRITIO . AVXIMANO
SACRI . CONSISTORII
ET . PAVPERVM . ADVOCATO
DOCTRINA . CONSILIO
MORVM . SVAVITATE
ANIMIQ. CANDORE
OMNIBVS . ACCEPTO
VXOR . ET . FILII . M. M. P. P.
OBIIT . VII. IDVS . FEBRVARII
MDCCLIV
AETATIS . LXIII.

INSCRIPT. PICENAE

12.

S. Spiritus in Saxia.

Hewl.

D. O. M.
CARPINA GENS NOMEN LVCIANVS PATRIA FIRMVM
QVALIS ERAM LEGITO MEMBRA SEPVLTA IACENT

LVCIANO E CARPINA GENTE PATRIA FIRMO
ORIVNDO VIRO DIVINI HVMANIQ. IVRIS CONSVL
TISS. LRARV APLICARVM ABBREVIATORI SOLLICI
TATORIQVE PRIORI S. MARIÆ AD MARE CAS
TRI TVRRIS PALMARVM AC HVIVS HOSPITALIS
PRECEPTOR. SEX. CONSILIARIO ET SECRETARIO FI
DISS. LEONARDVS CARPINVS FIRMANVS
ARTIVM ET MEDICINÆ DOCTOR LRARVMQ APLI
CARVM SOLLICITATOR PATRVO PIENTISS. B
M. P. QVI VIX. ANN. LXX MENS
VII D XI
OBIIT VIII KL DECEMB. ANN SALVTIS
M D X X I

CLASSIS V.
SACERDOTES ET CLERICI
CLASSIS QUINTA.

1.
S. Mariae de Aracoeli.
Sepulcrum cum imagine ex anaglypho.

✠ HIC IACET DOPNVS PALMERI' PRBITER MOTIS GĒTILIS
QVI OBIIT ANNO DN̄I
M. CCC......IL XX..,. NOVEMBRIS CVI' AĪA
REQVIESCAT IN PACE . AM̄.

2.
S. Mariae de Scala.
Humi.

CONSTANTIA BVCTEA FABRIANI NATA
POENITENTIVM FOEMINARVM COENOBIO
MIRA PIETATE IN PATRIA FVNDATO
IN AEGROTANTIVM PAVPERVM SVBLEVAMINE
MVNIFICA SOLLICITVDINE IN VRBE DESVDANS
QVINQVAGENARIA AETERNITATIS METAM
CELEBRIORI CVLTV ATTINGIT
ANNO MDCIV. QVINTO KAL. OCTOBRIS
FRANCISCO IVLYO SACERDOTE SIBI
OPTIMAE MATRI PIISQVE MATRONIS
TVMVLVM EXIGENTE

INSCRIPT. PICENAE

3.

S. Mariae de Aracoeli.

Humi.

D. O. M.
ARNVLPHVS RINALDVCCIVS
NOBILIS FANENSIS
OLIM BASILICAE
VATICANAE CANONICVS
SACERDOS INDIGNVS
SVPRA NONAGESIMVM
VITAE ANNVM
CALIGANTES OCVLOS
MORTE CLAVDENDOS
HIC SE IN SPEM
AETERNAE LVCIS
AD NOVISSIMVM DIEM
DEPONI IVSSIT
ORATE DEVM PRO EO
VIXIT ANNOS LXXXXVII
MENS VIII D. VIIII
OBIIT ANNO M D CXX
MENSE MAR. DIE XVII

4.

S. Salvatoris ad Pontem Senatorium.

Humi.

D O M
R. D. ALEXANDRO IANVARIO
DE MONTE CAVSARIO
FIRMAN. DIOECES. HVIVS
ECCL. RECTORI DIGNISS
VIXIT ANN. XLIII. MEN.
IL DIES XXVII.

CLASSIS V.

OBIIT V. NOVEMBR
M. D. C. XXIX.
IO. FRANC. ALLIATVS
PRAELEGAT. POSVIT

5.
S. Mariae Majoris.
Humi.

OSSA
ABBATIS GALEOTTI VFFREDVCCI
NOBILIS FANENSIS
SACROSANCTAE BASILICAE
SANCTÆ MARIÆ MAIORIS DE VRBE
CANONICI
ORATE PRO EO
VIXIT ANNOS LXXVII
OBIIT XXVI IANVARII MDCXLIII

6.
S. Johannis in Laterano.
Humi.

SEBASTIANVS ROMANDIOLVS
A SANCTO SEVERINO
SACROSANCTAE HVIVS BASILICÆ
BENEFICIATVS
AETATE AC MEDITATIONE
MORTI IAM DVDVM OCCVRRENS
OCTOGENARIO MAIOR
VIVENS HIC SIBI SEPVLCRVM
ELEGIT
ANNO SALVTIS MDCLXIII
OBIIT DIE
XV MAII MDCLXXIV

INSCRIPT. PICENAE

7.
S. Mariae Tranſtyberim.
Hami.

D. O. M.
HIC CASTRI APICVLI
GVIDOBALDI AB ORIGINE RICCI
OSSA SEPVLCHRALI CARCERE
NVDA IACENT.
FIDVS APOSTOLICVM DEDIT
VBI IVVAMEN EGENIS
ET SIBI COMMISSIS LONGE
ANIMABVS OPEM
IVLIVS HVC CÆSAR IAM IAM
DECLIVIS ADHÆRET.
VT GERMANA FVIT VITA
SIT VRNA COMES
OBIIT III. IDVS FEBRVARII
ANNO DÑI MDCLXXII
ÆTATIS SVÆ ANN. LXXXIV

8.
S. Laurentii in Damaſo.
Hami.

D. O. M.
FRANCISCO VOLLIAE
CAMERTI
IVRISCONSVLTO
CLARISS. MORVM
PROBITATE PRVDENTIA
RELIGIONE
SINGVLARI
ANGELVS VOLLIA
CAMERINI ARCHIDIACONVS
FRATRI ET ALEXANDER
PATRI
MOERENTES POSVERE
VIXIT ANNOS LV.
OBIIT XVIII. KAL. MARTII
MDLXXV

9.
S. Anaſtaſiae.
Hami.

D. O. M.
HIPPOLYTO ARDITIO PRESB. FIRMANO
ET BERNABEO CECCHETTO EIVS CONSOBRINO
OB PIAM ELEEMOSYNARVM LARGITIONEM
VT IN HOC ALTARI PRIVILEGIATO S. HIERONYMI
SACRVM QVOTIDIE CVM ANNIVERSARIO
CELEBRETVR
CAPITVLVM ET CANONICI
GRATI ANIMI MONVMENTVM POSS.
ANNO DÑI MDCLXXVII.

S. Au.

CLASSIS V.

10.
S. Auguſtini.
Hæmi.

D. O. M.
PETRVS MARIANVS DE MAGRIS CAMERS
SACROSANCTÆ BASILICÆ LATERANENSIS
BENEFICIATVS VRBANVS
IVSTA SACELLVM S. AVGVSTINI
QVEM VT MAGISTRVM OPTIMVM
ET ECCLESIÆ DOCTOREM
PRECIPVO CVLTV VENERATVS EST
SEPELIRI VOLVIT
PERPETVI AMORIS ET PIETATIS ARGVMENTO
DECESSIT
III. NON. APRILIS AN. SAL. M.DC.LXXIX
SVÆ ETATIS AN. LXX. M. VI. D. XXVI
BARNABEVS BENIGNVS ET CAROLVS ZAGAGLINVS
CAMERTES EX TESTAMENTO EXECVTORES P.

11.
In templo Vallicelliano.
Hæmi.

D. O. M.
ANDREAS NICOLETTVS
EX OPP. S. LAVRENTII IN CAMPO
IN PICENO
INSIGNIS COLLEGIATÆ
S. LAVRENTII IN DAMASO
CANONICVS DECANVS
ANTE ARAM S. PHILIPPI NERII
SVB HAC SIMPLICI INSCRIPTIONE
CONDI VOLVIT
TESTAMENTARII EXECVTORES
VIRO PROBITATE MORVM

ET

INSCRIPT. PICENAE
ET DOCTRINA CONSPICVO
POSVERVNT
OBIIT XXII. APRIL. MDCLXXXVII
ÆTAT. SVÆ
ANN. LXIX. MENS. V. DIE XII.

I 2.
S. Mariae in Via lata.
In pariete.

D. O. M.
MICHAELI CAVCCIO
AB OPPIDO S. ELPIDII MORICI IN FIRMANA DIŒCESI
SACROSANCTÆ HVIVS ECCLESIÆ
CANONICO
MORVM INTEGRITATE PIETATISQVE LAVDE
CONSPICVO
QVATVOR PONTIFICIBVS MAXIMIS
OB SPECTATAM IN ARCANIS NOTIS SCRIBENDIS FIDEM
CVM SOLERTIA CONIVNCTAM
PROBATISSIMO
QVI ACCEPTAS A DEO OPES DEO REDDENS
SACELLVM HOC S. ANDREÆ DICATVM
ELEGANTER ORNAVIT BINISQVE CAPELLANIS AVXIT
MAGNIFICAM IN NATALI SOLO ECCLESIAM
IN HONOREM S. MICHAELIS ARCHANGELI
A FVNDAMENTIS ERECTAM
HEREDEM VNIVERSALEM INSTITVIT
EIVSQVE OBSEQVIIS
SEX CAPPELLANOS RESIDENTES ADDIXIT
PERPETVO ILLIVS RECTORE
HOC INSIGNI CAPITVLO CONSTITVTO
LVDI MAGISTRO INSVPER IN PATRIA RETINENDO
STIPENDIVM
EGENIS IBIDEM PVELLIS
BINA ANNVA SVBSIDIA DOTALIA
ASSIGNAVIT

CLASSIS V.

VNIVERSOQVE ASSE IN PIA OPERA DISTRIBVTO
OBIIT OCTOGENARIO MAIOR VI. IDVS MAII MDCCII
COLLEGÆ OPTIME MERITO
CAPITVLVM
GRATI ANIMI MONVMENTVM POSVIT
ANNO REPAR. SAR. MDCCV.

I 3.
S. Marci.
In sacrarii pariete.

HORTENSIO BALESTRIERIO
EX ORCIANO FANEN. DIÆC.
PIO INTEGRO ET ANTIQVIS MORIBVS VIRO
CVI VIVENTI ET MORIENTI
HAEC ECCLESIA PLVRIMVM DEBET
OB ILLVSTRATVM ARCHIVVM
ET OB AVCTOS EIVSD. ECCL. REDDITVS
QVAM
BONOR. SVOR. IN VRBE EXISTENTIVM
SCRIPSIT HAEREDEM
PARVO ADIECTO ONERE VNIVS MISSAE
IN HEBDOM. ET DVOR. ANNIVERS.
SINGVL: ANN. IN PERPET.
ALTERIVS NEMPE
DIE XI. MART. PRO ANIMA SVA
ALTERIVS DIE XXII. IVN.
PRO ANIMA HORTENTII BALESTRIERII
PATRVI SVI ET IN CANONICATV
PRAEDECESSORIS
VT
IN TEST. PER ACTA SARACEN. NOT. CAP.
APERTO IN DIE OBITVS. XI. MARTII
MDCCXI.
CONCANON. VTRIVSQ. BENEFIC. MEMORES
POSVERE

Inscript. Pic.

INSCRIPT. PICENAE

14.
S. Eustachii.
Romi.

D. O. M.
AEGIDIO PAVLINO VICARIO S. EVSTACHII
ANNIS LX. AETATIS SVAE ANNORVM XCII
OCTAVIANO PAVLINO MEDICO PHYSICO
EIVS FRATRI ANNORVM LXXVI
DOMINICO EMIGDIO EORVM NEPOTI
ANNORVM XVII
PAVLINVS DE PAVLINIS DE ARQVATA
ASCVLANAE DIOECESIS
HVMANI OFFICII MEMOR
PATRVIS FRATRI SIBI DESCENDENTIBVS
ET FAMILIAE
POSVIT
ANNO DOMINI
MDCCXIIII

15.
S. Salvatoris in Lauro.
Romi.

D. O. M.
BONAVENTVRAE MILANI
EX LAVRO IN PICENO
SACERDOTI INTEGERRIMO
I. V. D. ET IN VRBE ADVOCATO
PROTONOTARIO APOSTOLICO
AC VARIIS MVNERIBVS
SVMMA CVM LAVDE PERFVNCTO
ALMAE DOMVS LAVRETANAE VRBIS
CONGREGATIO
EX TESTAMENTO HERES
VIRO OPTIME DE SE MERITO
MONVMENTVM POSVIT A. D. MDCCXV.

CLASSIS V.

16.
S. Mariae in Cosmedin.
In cryptae ingressu, in pariete.

CLEMENTE . XI. P. O. M. REGNANTE
SVB . AVSPICIIS . EMINENT. PATRIS . DOM.
D. ANNIBALIS . HVIVS . BASIL. DIAC. CAR. ALBANI
VETVSTISSIMAM . HANC . CONFESSIONEM
IN . CVIVS . ARA . CORPVS . S. CYRILLAE . V. ET . M.
FILIAE . DECII . IMP. OLIM . CONDITVM . ERAT
A . DVOB. FERE . SECVLIS . CLAVSAM . ET . IGOTAM
I. MARIVS . CRESCIMBENIVS . IN . EAD. BASIL. CAN.
APERVIT . ET . PRISCO . CVLTVI . RESTITVIT
SIBIQ. IN . HOC . VESTIBVLO
MONVMENTVM . VIVENS . STRVXIT
ANNO . DOMINI . MDCCXVII.

Ibidem.
Haec.

M C
P. A. R. C. C.
OBIIT . VIII. MARTII MDCCXXVIII
ET. SVAE . LXV.

17.
Ibidem.
In basilicae pariete.

D. O. M.
IO. MARIO CRESCIMBENI
PATRIT. MACERAT.
ARCADIAE IN VRBE RESTAVRATORI
EIVSQ. PMO GENLI CVSTODI
HVIVS INSIGNIS BASILICAE CANCO
DEIN ARCHPRO

ERGA

INSCRIPT. PICENAE

ERGA VETVSTISSIMAM AC VENVSTISSIMAM
DEIPARÆ IMAGINEM
IN ARA MAXIMA COLLOCATAM
AD CVLTVM AVGENDVM
NOVEMDIALIS ANTE FEST. NATALIS ILLIVS
QVOTANNIS PERPETVO CELEBRAN.
FVNDATORI PIISSIMO
HISTORIÆ VNIVER. ANTIQVISSIMI TEMPLI
PROP. SVMPTIBVS IN BINIS CODICIBVS
TYPIS DEMANDATÆ
COMPILATORI ERVDITISSIMO
CAPITVLVM ET CANONICI
HÆREDES SCRIPTI
PRÆDILECTO FRATRI ET BENEFACTORI
P. C.
ANNO DÑI MDCCLVIII.

18.
S. Mariae Tranſtyberim.
Sepulcrum cum protome.

D. O. M.
IOSEPH AVIVS PATRITIVS CAMERS HVIVS BASIL. CANONICVS
ANNVO PROVENTV CONSTITVTO
EXPONENDÆ SOLEMNI RITV QVALIBET DIE DOMINICA
VENERABILI EVCHARISTIÆ
VETVSTA SERVATORIS CRVCIFIXI IMAGINE ORNATA
ARA ELEGANTIVS RESTITVTA
SVB EAQVE SELECTIS SS. MM. PIGNORIBVS COLLOCATIS
AD EXCITANDAM ALIORVM PIETATEM
HOC SVÆ PONI CVRAVIT MONVMENTVM
AN. DÑI MDCCXIIX. ID. DECEMB.
ORATE PRO EO.

CLASSIS V.

19.
S. Mariae in Via lata.
Humi.

PETRVS ANTONIVS VENTVRA CAMERS
HVIVS ECCLESIAE CANONICVS
SACELLVM HOC A SE ERECTVM
PICTVRIS MARMOREISQVE
LAPIDIBVS ORNAVIT ANNO
DOM. MDCCXIX.

20.
S. Caroli ad quatuor Fontes.
In sacrarii pariete.

PETRVS FRANCISCVS GIAMPE NOBILIS
FABRIANEN. VATICANAE BASILICAE
BENEFICIATVS HVIC VEN. ECCLE
LOCA X NON VACAB. MONTIS S. PETRI
EX SVO TESTAM. CONDITO VI IVNII
MDCCXX PER ACTA SERII NOT. CVR.
BVRGI CVM ONERIBVS EXPRESSIS IN
ALIO SVO PRIORI TESTAM. AD QVOD
SE RETVLIT NEMPE CELEBRANDI PER
PETVVM ANNIVERSARIVM PRIMA DIE
POST FESTVM SSMAE TRINITATIS NON
IMPEDITA PRIVATASQ. ALIAS MISSAS
PER ANNVM PRO ANIMA SVA AC
SOR ANGELAE CELESTIS FONNI
MONIALIS TVNC TEMPORIS ADHVC
VIVENTIS IN MONASTERIO S.
MARGARITAE DE VRBE LEGAVIT
IGNATIVS GIAMPE FRATER
ET HAERES
P.

INSCRIPT. PICENAE

21.
S. Benedicti Transtyberim.
In pariete.

D. O. M.
ANTONIVS . NVNTIVS . PIERVENANZI
GENERE . CAMERS . CLER. TIB. CIV. ROM.
EX . PAROCHO . S. M. DE . PLANCTV
HVIVS . ECCLESIAE . RECTOR
MEMOR . QVOD . OMNES . MORIMVR . ET
QVASI . AQVA . DILABIMVR . IN . TERRAM
ANNOS . NATVS . LII
HIC . SEPVLTVRAE . LOCVM . VIVVS . ELEGIT . VBI
CAECILIAE . CIOLLI
MATRIS . CARISS. . ET . DE . SE . OPTIME . MERITAE
CORPVS . CONDIDIT
X. KAL. IAN. AER. CHR. CIƆIƆCCXXII
QVAE . VIXIT . ANN. LXXXVI. MESS. IX. D. XX.
IN . PACE
OSSA . EORVM . NE . DIMOVETO
NEQVE . CVM . EXTRANEIS . SOCIATO.

22.
S. Mariae in Vinchis.
Humi.

D . O . M
HORATIVS COCCIA SACERDOS
OPHIDANVS QVI PER SPATIVM
45 (*sic*) ANNORVM DEIPARÆ VIRGINI
IN HAC EIVS ECCLESIA
INSERVIVIT ET VBI PER
LONGVM TEMPVS IN HAC MORTALI
VITA DEGIT IBI VOLVIT ETIAM
RESVRRECTIONEM AD ÆTERNAM

CLASSIS V.

VITAM EXPECTARE IDEOQVE
SEPVLCRVM HIC ELEGIT
POSTQVAM VIXIT
ANNOS LXXXXIII (sic)
MENSIS (sic) VI. DIES III. OBYT. DIE XII
APRI. MDCCXXVII.

23.
S. Salvatoris apud Pontem Senatorium.
Humi.

D. O. M.
DOMINICVS DOMITIANVS
SACERDOS PICENVS
HOC TEMPLVM
EX ASSE HAEREDEM INSTITVIT
CVM ONERE VNIVS MISSAE
QVOTIDIANAE
ET HIC EXPECTAT
NOVISSIMVM DIEM
OBYT DIE XV NOBRIS MDCCXXXIII
VIXIT ANN. LXXVIII MENS. II.

24.
S. Marthae in Vaticano.
Humi.

D. O. M.
HIC SITVS EST
IOSEPH MACRINVS SACERDOS
A MONTE VLMI FIRMANAE DIOEC
VIR PIETATE AC MORVM SVAVITATE
INSIGNIS
QVI HVIC ECCLESIAE S. MARTHAE
QVAM LII ANN. SVMMA INTEGRITATE
ADMINISTRAVERAT

VT

INSCRIPT. PICENAE

VT SIBI ET SVIS
BIS IN SINGVLOS MENSES
PERPETVO SACRVM PERAGERETVR
(DVO LOCA MONTIVM
EX TESTAMENTO RELIQVIT
OBIIT VI. ID. IAN.
MDCCXXXIV.
ÆTATIS SVÆ LXXIX. MENSES II

25.
SS. XII. Apoſtolorum.
In clauſtri pariete.

D. O. M.
CAMILLO PILIO
CIVI ET CANONICO FANENSI
INSIGNI PROBITATE PRVDENTIA
HVMANITATE VIRO ANN. ÆT.
XXXV. MAGNO BONORVM
MOERORE EREPTO
AFFLICTA DOLORE MATER ANNA
ET FRATRES PARITER AFFECTI
P.

26.
Ibidem.

D. O. M.
HIC IACET DOMINVS LVCAS
BRANCADORVS
ARCHIDIACONVS FIRMANVS
QVI OBIIT DIE XXVIII.
DECEMBRIS

CLASSIS VI.
RELIGIOSI
CLASSIS SEXTA.

1.

SS. XII. Apostolorum.
Homi.

IVLIANO CAVSIO A MOLLEANO
PICENO S. T. M. AC CONCIONAT. ILLVST.
OB PRÆCLARA EIVS MERITA
FRANCISCANÆ RELIG. POST S. PAT.
GENERAL. LX. ROMÆ V. ID. IVNII
MDXC. OMNIVM LÆTITIA ELECTO
AC XII. AB ELECT. DIE OMNIVM
MŒRORE DEFVNCTO
FF. MINORES HVIVS ROMANI
CŒNOBII CONVENTES XII. PARITER
AB OBIT. DIE MŒSTISS. POS.

2.

S. Augustini.
In pariete, cum imagine depicta.

D. O. M.
SEPVLCHRALI HOC IN LAPIDE
REVERENDISS. P. FR. FVLGENTIVM PETRELLVM A SIGILLO
PARCARVM IMPETV SI ALLISVM CERNAS AD PETRAM
IN PVLVERE NE SVSPICERIS COMMINVTVM

Inscript. Pic.   L   HOSPI-

INSCRIPT. PICENAE

SOSPITEM ADMIRABERIS
IN TEMPLIS IN CATHEDRIS IN LIBRIS
QVÆ
FACVNDIA SAPIENTIA ERVDITIONE
CONCIONATOR REGENS DOCTOR
EXORNAVIT
AVGVSTINIANÆ REIPVBLICÆ CLARVM REGENS
HONORVMQVE APICEM TENENS
DIGNITATIS CELSITVDINEM MERITORVM SVBLIMITATE
TRASCENDIT
MARMOREVM GRATITVDINIS MONVMENTVM
A CAMILLO ARCVCCIO EIVS NEPOTE
PER SVOS HEREDES TESTAMENTO RELICTOS EXCITATVM
FVNESTVM CREDIS LECTOR AT FALLERIS
AGNOSCE AVARVM MORTIS INGENIVM
PRETIOSISS. VITÆ STAMINA AD ANN. LXXI. DEDVCTA
VENETIIS XVI. MAII MDGIIL RESCINDENS
SIGILLO MVNITA
SAXO CLAVSA CVSTODIT

CLASSIS VII.
SENATORES ET ORATORES
CLASSIS SEPTIMA.

I.

S. Mariae Majoris.

In pariete.

D. O. M.
IOANNI PELICANO MACERATESI CIVI ROMAN^O
I. V. CŌSVLTISS^O PROTHONOTARIO APLI NOBIL
ISS.^{O} PRECLARISI^O Q.^{E} VIRO AC AD SVMA OMNIA
NATO QVOD ALME VRBIS SENATOR TOTIVS
ECCL.^{A} DITIS ANNONE PREF.^{TVS} PERVSIE VMBRIE
Q. GVB.^{TOR} ROMADIOLE ET EXARCHATVS RAVENE
PRESES SACRI CŌSILII COLLEGIO ASCRIPTV
HIS ALIISQ. MVNERIB. SVB XISTO V. PONT. MAX.
ADMIRABILI DOCTRINA SVMAQ. PRVDETIA AC
RELIG.^{NE} FVCTVS NEC NO AD PRINCIPV NVTV
SEPE ARDVAR. CAVSAR. DEFINITOR. AC SVMM
PONTIFICVM IVSSV ASCVLI COMITATVSQ
AVENIONIS CONSTITVTIONV REFORMATOR
DEMV INNOCETISS.^{E} AC OFFICIOS.^{ME} VITE
EXCELSI ANIMI AC NVNQVAM BENEFICIOR

INSCRIPT. PICENAE

IMMEMORIS ADMIRANDVM POSTERIS EXEMPLVM
RELIQVIT
ANT.º (sc) FRAN.S FILIVS IVLIVS CAESAR NEPOS PATRI
ET AVO BENEMERENTISS.º POSVERE
VIXIT ANNOS LXXVI OBIIT KAL.
IAN. M.DXCIIII.

2.

S. Mariae de Aracoeli.

In pariete.

PETRVS . IACOBVS . CIMA
LEONIS . XI . P. M. CVBICVLO . PRAEFECTVS
BENTINI . DE . CIMIS . AN. MCCCC . BONIF. IX . P.
ALMAE . VRBIS . SENATORIS
GENTILIS . SVI . MEMORIAM . LOCO . MOTAM
RESTITVIT . ANNO . SAL. MDCXIX

✠ INCLITA . DE . CIMIS . BENOTINVS . ET . ALTA . PROPAGO
CINGVLEVS . PATRIA . CVIVS . MODERAMINA . IVSTO
IMPERIO . MERVIT . SANCTO . INDVLGENTE . MONARCA
DONATVSQ. ROSA . PRO . NOBILITATIS . HONORE .
CORPORE . FORMOSVS . VVLTVQ. TREMENDVS . ET . ARMIS
IVSTITIAE . CVSTOS . MIRA . PROBITATE . SENATOR
VRBI . PREPOSITVS . FATIS . HEV . RAPTVS . INIQVIS
HIC . CORPVS . LINQVENS . ANIMA . REPETIVIT . OLYMPVM

3.

In aula Senatoris.

VRBANO . VIII. PONT. OPT. MAX.
BALDVS . MASSEVS . CAMERS

VR.

CLASSIS VII.

VRBIS . SENATOR
INTERNAM . SENATORIARVM . AEDIVM . PARTEM
AVXIT . ET . CONCAMERAVIT
SVPERNAM . LAXANDO . PVBLICO . CARCERI
ATTRIBVIT
AQVAM . PERENNEM . IN . EVNDEM . CARCEREM
ET . HORTOS . A . SE . AVCTOS . AC . MVRO . CINCTOS
PERDVXIT
ATQVE . INDE . AD . AEDEM . PROXIMAM
CONSOLATRICIS . VIRGINIS . DERIVAVIT
ANNO . IVBILEI . MDCXXV.

4.
In atrio carcerum Capitòlii.

BALDVS . MASSEVS . VRB. SEN.

5.
S. Laurentii in Damaso.
Hemi.

D O M
IACOBO IOANNI CAVCCIO
PATRITIO ASCVLANO
APVD SANCTAM SEDEM APOSTOLICO
REGNANTE SIXTO IV. PONT. OPT. MAX
ORATORI PRO PATRIA EXTRAORDINARIO
ALIISQVE NVPER EX MARCHIONIBVS CAVCCIIS
ILLINC ORIVNDIS IN VRBE DEGENTIBVS
IOANNES BAPTISTA MARCHIO FARAONIS
SIBI POSTERISQVE SVIS MONVMENTVM POSVIT

INSCRIPT. PICENAE

6.

S. Petri in Monte Aureo.

Humi.

DON
GVELPHO DE TANCREDIS
PATRICIO ANCONITANO
AD SVM. PONTIFICEM ORATORI ELECTO
IN HAC ÆDE ANNO 1644 (sic) DEFVNCTO
IOANNES ET MARIVS
PICCHI DE TANCREDIS
EIVS FILII PRECANTVR REQVIEM

CLASSIS VIII.
IVRISCONSVLTI
CLASSIS OCTAVA.

1.

S. Augustini.
Hemi.

LVCÆ . ANGELO . PACINO . I. V. D.
A . ROCCHA . CONTRACTA
SENOGALLIEN. DIOEC. IN
RO. CVRIA . CAVSAR. PATRONO
EGREGIO
CAROLVS . ET . CLARA . PACINI
PAREN. MOESTISS. POS.
VIXIT . ANN. XXXVI
MEN. VII. DIES . XXIIII.
OBIIT . AN. DO. MDLXVIIII.
DIE . XXVI. SEPTEM.

2.

S. Eustachii.
Hemi.

D. O. M.
IO. BAPTISTÆ DIONYSIO
AVXIMATI I. C. ACVTISS. QVI NO̅
MODO ALEX. CARD. FARN. OB
SPECTATAM IN GRAVISS. CAVSIS
PRVDENTIAM DIV VIXIT
FAMILIARISS. VERVM VNI
VERSÆ ROM. CVR. OB RECONDI
TAM DOCTRINAM AC SINGV
LAREM

INSCRIPT. PICENAE

LAREM PROBITATEM FVIT
IVCVNDISS. MARCELLVS
MELCHIORIVS CASTRI TVR
RITE D^{VS} AMICO CARISS. GRATI
ANIMI AC FIDEI MONVMENTV
POSVIT
ANN. AGENS LXIV. ID. APR. M.DXCIV
DEFVNCTVS LABORIB. DECESSIT
AVRA FOROQ. MOERENTIB.

3.

S. Mariae de Pace.
In clauſtro cum imagine depicta.

D. O. M.
AVGVSTINO . LAZARINO
MONTIS . MILONEN. CIVI . ROM.
VIRO . IVRIS . VTRIVSQ. SCIENTIA
INSIGNI
PRIMARIO . CAVSAR. CRIMINALIVM
DEFENSORI
CLIENTIBVS . PATROCINIO
EGENIS . LIBERALITATE
OMNIBVS . OFFICIO . AC . FIDE
DIV . PROBATO
SIMON . LAZARINVS
FRATRI . BENEMEREN.
PON. CVR.
VIXIT . ANN. LXXIV
OBIIT . IV. IDVS . IAN.
ANN. DNI
M. D. XCVI

CLASSIS VIII.

S. Honuphrii.
Humi.

GVIDO NOLTIVS
FANENSIS I. V. D.
VT SEMEL IN HEB
DOMADA SACRVM
IN HOC SACELLO
AB HVIVS TEMPLI
FRATRIBVS FIAT
CENSVM TRIBVIT
PER ACTA AMADEI.
NOTAR. AVD. CAM.
ANNO M.DCIIII

5.
S. Mariae de Oratione, vulgò della Morte.
Humi.

D. O. M.
REGVLO . MARIOTTO . B . S. GENESIO . I. V. D.
CIVI . ROMANO
PVBLICIS . MVNERIBVS
CHRISTIANÆ . PRÆSERTIM . PIETATIS . OFFICIIS
PARI . CVM . BONORVM . LAVDE
ET . VIRORVM . PRINCIPVM . GRATIA
ROMÆ . DIV . PERFVNCTO
AD . OSSA . CVRII . FRATRIS
LAVINIA . MARCVCCIA . CONIVX
ET . REGVLVS . MARIOTTVS . EX . SORORE . NEPOS
HAERES . MVLTIS . CVM . LACRIMIS . POSS.
OBIIT . VI. IDVS . MAII . MDCXVII.
ANNOS . NATVS . LIII. MENSES . IX. DIES . X.

INSCRIPT. PICENAE

6.
S. Mariae de Horto.
Humi.

D. O. M.
ROMVLO BENCIVENNIO DE
MONTENOVO ET CIVI ROMANO
I. V. D. VIRO INTEGERRIMO
IACOBVS BENCIVENNIVS
FRATRI DILECTISS. POSVIT
VIXIT ANNOS LIII. MENSES SEPTEM
OBIIT DIE XXIV. IVLII
ANNO INCARNAT. DOMINI
MDCXXIX.

7.
S. Andreae de Valle.
Humi.

D. O. M.
ME PICENORVM GENVIT MONS GALLVS ET ALMA
ROMA DEDIT FVNVS DOCTOR EQVESQ. IVI
MONS DEDERAT CVNAS VALLIS MIHI CONDIDIT OSSA
MVNDI INCERTAS ADVENA DISCE VICES

THOMAS PAVLINVS GRATVS HAERES
DOMINICO PATRVO BENEMERENTI
PROVIDVS MORTISQVE MEMOR
SIBI SVISQVE POSTERIS
ANNO IVBILAEI M. DC. L. MOERENS POSVIT
VIXIT AN. LXIII. MENS. V. OBIIT VIII. KAL. IVN.
M. DC. XLIX.

CLASSIS VIII.

8.
S. Johannis in Ayno.
Hawi.

D. O. M.
IOANNAE TERESIAE PANICOLAE DE SCIPIONIB
NOBILI ROMANAE
CVI SEPTIMVM PARIENTI FILIVM
PARCAE PARCERE IN PARTV NOLVERVNT
MAXIMILLVS SCIPIONVS NOBILIS PICENVS
IN ROM. CVR.
CAVS. PAVPERVM VIDVARVM ET PVPILLOR
S. HIERONYMI CHARITATIS PATRONVS
CONIVGI CARISS.
SIBI ET SVCCESSORIBVS
AC FAMILIAE PANICOLAE
MONVMENTVM P.
ANNO MDCLXII
OBIIT ANNO D. MDCLXII. NON. FEB.
AET. SVAE XXXIV. MENS. IV. DIES XIII

9.
S. Francisci ad Ripam.
Hawi.

D O M
TORQVATVS TAGLIAFERRVS L. V. D.
A MONTE LEONE
HIC POSITIS CINERVM EXVVIIS
EXPECTAT IMMORTALIA
CAVSARVM OLIM PATRONVS
VRBI ROMAE PROBITATEM
AC DOCTRINAM
MOX RERVM ECCLESIASTICARVM
IVDEX VICARIVS
AEQVITATEM IVRIS VRBIBVS

INSCRIPT. PICENAE

APPROBAVIT
DIGNVS QVI DIVTIVS
VRBI PRODESSET
OBIIT ROMÆ A. M.DC.LXIV
ÆTATIS SVÆ LIX
. . . . TAGLIAFERRVS
. . . . MOERENS

10.

S. Salvatoris in Lauro.
Humi.

D. O. M.
IOANNES DOMINICVS CORRADVS
CIVIS FIRMANVS I. V. D. EX COLLEGIO
PATRONORVM CAVS. SAC. PAL. APLICI
IN FORENSIBVS CONTROVERSIIS
INTEGERRIME PERTRACTANDIS
VERSATISSIMVS ET NVLLI SECVNDVS
VRBANITATE MORVM
MENTIS ALACRITATE
PRINCIPIBVS VIRIS PERCHARVS
ET CHRISTINAE REGINAE SVECIAE
PROCVRATOR
VITAM PIE TRADVCTAM
POST DIVTVRNVM MORBVM
CONSTANTIA CHRISTIANA SVBLATV
PIISSIMA MORTE TERMINAVIT
SPIRITVM DEO REDDENS
CORPVS DEI MATRI COMMENDANS
IN HOC TEMPLO
DIVAE VIRGINIS LAVRETANAE
SACRAM CVIVS DOMVM
IN CORDE GEREBAT
OBIIT SEXAGENARIO MAIOR
ANNO DOMINI MDCLXXXVII

CLASSIS VIII.

11.
Ibidem.
Hemi.

D. O. M.
PETRO FRANCISCO PAVONIO I. V. D.
E MONTE FORTINO IN PICENO
POST CONSTRVCTIONEM CAPPELLÆ
IN TESTAMENTO DEMANDATAM
EXECVTORES TESTAMENTARII
VNA CVM ADMINISTRATORE HEREDITATIS
POSVERE.
ANNO SAL. MDCXCIV

12.
Ibidem.
Hemi.

D. O. M.
ANTONIVS CORRADINVS DE FABRIANO
VNVS EX COLLEGIO PATRONORVM
ET HVIVS ECCLESIAE (&c)
SECRETARIVS ET DEPVTATVS
VIXIT AN. LIV. OB. XXXI. IAN. MDCXCIII.
MESTISSIMI FRATRES POSVERE

13.
S. Mariae de Aracoeli.
Hemi.

D. O. M.
FLAMINIO VIGORITO PATRITIO FIRMANO
QVI GRAVIORIB^S DISCIPLINIS ELOQVENTIA ADEO CONIVNXIT
VT IN EIVS ORE SVADELA INSIDERE VIDERETVR
IVRIS VTRIVSQVE DOCTISSIMVS IN FIRMANO PRIMVM
DEIN-

INSCRIPT. PICENAE

DEINDE IN ROMANO ARCHIGYMNASIO PVBLICE DOCENS
NOBILIVM AVDITORVM FREQVENTIA CONSPICVVS
EX EORꝶ NVMERO EGREGIE PROBATV̄ HÆREDE̅ RELIQVIT EX ASSE
ALEXANDRVM FALCONERIVM
QVI SOLA PROPENSÆ VOLVNTATIS SIGNIFICATIONE CONTENTVS
IN EIVS ANIMÆ EXPIATIONE COLLATA BONA REFVNDENS
AD AMICI QVOQVE MEMORIA̅ PROPAGANDAM
MONVMENTVM POSVIT
OBIIT ANNO D. MDCIC. PRID. IDVS MARTII
VIXIT ANNOS LVIII. M. VI.

14.
S. Mariae de Victoria.
Humi.

D. O. M.
CAROLO NICOLAO SEVERINO
I. C. FABRIANENSI
IN ROMANA CVRIA
SAC. PALATII EX XXIV. DE COLLEGIO SELECTIS
CAVSARVM PATRONO
VIRO
INGENII ACVMINE DICENDI FACVNDIA
ET SCRIBENDI ROBORE
PRÆCLARISSIMO
IVSTITIAE ET VERITATIS CVLTORI
INTEGERRIMO
CVI
DVM MORS VITA̅ IMMINVIT FAMAM ADAVXIT
AN. DOM. MDCCV. XXX. IANVARII
ÆTATIS SVÆ LXXIII.
SVPREMVM IN HOC LAPIDE MONVMENTVM
CATHARINA FRANCISCA BADESSONIA VXOR
MOESTISSIME POSVIT

VBI

CLASSIS VIII.

VBI ETIAM SIBI
ET
ANNAE MAGDALENAE SEVER. DE ALBERICIIS
ET MARIAE FRANCISCAE SEVER. DE VETERA
FILIABVS
EARVMQVE DESCENDENTIBVS
CVM E VIVIS EXCESSERINT
SEPVLCRVM CONSTITVIT
ANNO DOMINI MDCCXVIII.

15.
S. Birgittae.
Humi.

D. O. M.
ANTONIVS FRANCISCVS FOGLIETTI
I. V. D.
EX OPPIDO SANCTI IVSTI IN PICENO
CAVSARVM HVIVS COENOBII PATRONVS
VIR PROBVS HONESTISQVE MORIBVS
ORNATVS
QVI OB EXIMIAM IN S. BIRGITTAM PIETATEM
MORIENS HOC LOCO SEPELIRI MANDAVIT
VIXIT ANNOS LXI. MENSES V. DIES XXVIII
OBIIT DIE XVI. MAII A. D. MDCCXXVIII

16.
S. Mariae in Vallicella.
Humi.

D. O. M.
ANGELO MARIAE TINELLI
NOB. CAMERTI I. V. D.
CAVSARVM IN VRBE ET SACRI PALATII APLICI
PATRONO EGREGIO
QVI VIXIT ANNOS LX

OBIIT

INSCIPT. PICENAE

OBIIT IV. KAL OCTOBRIS MDCCXXIX.
PHILIPPVS ET FERDINANDVS
PARENTI OPTIMO
SIBI ET EVCCESSORIBVS SVIS
M. P.

17.
SS. XII. Apostolorum.
Hum1.

D. O. M.
FRANCISCVS COLINI
NOB. PATR. ÆSINAS
ET IN ROM. CVR. ADVOC.
PRO SE ET SVIS
A. MDCCXLII.

18.
S. Salvatoris in Lauro.
Hum1.

D. O. M.
HIC IACET IOSEPH CAMILLVS DE
VALENTINIS I. V. D.
AVXIMANVS CVIVS VOLVNTATE
IMMVTATA A S. C. C.
DEPOSITVM PROPE IANVAM
QVE DVCIT AD ATRIVM
ET LOCO SPECVLARIS PALLIVM
EX LAMINA ARGENTEA ELEGANTER
CONFECTVM IN HOC ALTARI
SSMI CRVCIFIXI CONSPICITVR
ANNO DNI M.D.CCL.IX

CLASSIS IX.
MILITES
CLASSIS NONA.

1.

S. Laurentii in Damaso.
Sepulcrum cum prostomi.

D. O. M.
ANNIBALI CARO
EQVITI HIEROSOLIMITANO
OMNIS LIBERALIS DOCTRINAE
POETICAE INPRIMIS ORATORIAEQVE
FACVLTATIS PRAESTANTIA
EXCELLENTI
PETRO ALOISIO PARMENSIVM DVCI
ET ALEXANDRO CARDINALI FARNESIIS
OB SPECTATAM IN CONSILIIS DANDIS
EPISTOLISQVE SCRIBENDIS
FIDEM ATQVE PRVDENTIAM
SVIS VERO ALIISQVE OMNIBVS
OB SINGVLAREM PROBITATEM
AC BENEFICENTIAM
CARISSIMO
VIX. ANN. LIX. MEN. V. DIES XII.
IOANNES ET FABIVS CARI
FRATRI OPTIMO
IOANNES BAPTISTA IOANNIS F.
PATRVO BENEMERENTI
POS.
OBIIT XV. KAL. DECEMBRIS M.D.LXVI

INSCRIPT. PICENAE

2.

SS. XII. Apostolorum.
In clauftri pariete.

D. O. M.
FAVSTINO BVSONTONO
E CRVSPERIO AGRI CAMERTIS
COPIARVM DVCI FORTISSIMO
MARCVS ANTONIVS COLVMNA
GRATI ANIMI PRINCEPS POS.
VIX. ANN. LII. MENS. VIII. D. X.
OBIIT AN. SAL. MDLXIX. MEN. IAN.

3.

Ibidem.

D. O. M.
IACOBO MATTHEVTIO FIRMANO
TRIBVNO MILITVM ILLVSTRI
PRAECLARO ANIMI CANDORE
EXPLETA ET SOLERTI MILITARI PERITIA
VIRIS PRINCIPIBVS CARO
IN GLORIOSIS BELLICIS EXPEDITIONIBVS
TVM MELITANA NAVALIQ. IN TVRCAS
ET GALLICANA IN VGONOTTOS
AD SVMMAM LAVDEM EVECTO
AD SVBLIMIORA PROPERANTI
IMMATVRA MORTE PRAEREPTO
VIXIT ANN. LII. MENS. VI. DIES XX.
OBIIT IDIB. DECEMB. M D.LXXXIII.
CONCEPTVS MATTHEVTIVS FRATER POSVIT

CLASSIS IX.

4.

S. Mariae Transpontem.

In pariete.

DEO ET
S. BARBARÆ VIRGINI ET MARTIRI
CLEMENTE VIII. PONT. MAX.
PETRO EIVS FRATRIS FILIO
S. R. E. DIACONO CARD. ALDOBRANDINO
ARCIS S. ANGELI PRÆFECTO AVCTORE
AMERICO CAPPONIO ARCIS PROPRÆF. CVRANTE
BOMBARDARIORVM SODALITAS
QVORVM NOMINA INFRASCRIPTA SVNT
IO. STEPHANI CHIZOLÆ ORDINIS CARMELITAR.
MAGISTRI GENERALIS ASSENSV
E SVIS STIPENDIIS VIRITIM COLLATA PECVNIA
S. BARBARÆ PATRONÆ OPTIMÆ
SACELLVM EREXIT ORNAVIT DOTAVITQ
XVI. KAL. FEBR. ANNO A CHRISTO NATO
CIƆ. IƆ. XCIV.
IO. MARIA FABRICES A CAGLIALI INSVPER (&c)
MANILIVS ORLANDIVS ROMANVS
CVRTIVS GALLVCIVS MATTILICAS PICENS (&c)
DOMINICVS CONA ROMANVS
SEBASTIANVS BINVS FLORENTINVS
FRANCISCVS CIAVATTVS PERVSINVS
ANTONIVS MARCVCCIVS PERVSINVS
IO. MENICHINVS PIENTINVS
FRANCISCVS MARIA MEDIOLANENSIS
SANTES BARDVS FLORENTINVS
IO. DOMINICVS IORDANVS TIBVRS
HORATIVS CAVSARIVS ROMANVS
ANDREAS FERARIVS MVTINENSIS
IO. MARIA VICVS LIGVR.

INSCRIPT. PICENAE

5.

S. Augustini.
Humi.

D. O. M.
HORATIVS EX NOBILIBVS
DE ALVITRETIS ASCVLANVS
MARIANI FILIVS HIC SITVS
EST QVI TRIBVNITIE
ECCLESIASTICE MILITARIS
PREFECTVM MAXIMA LAVDE
ADMIRABILIQ. FORTITVDINE
ET ESTRENVITATE CVM
HOC MVNERE FVNCTVS
FVISSET NON ABSQ. OMNIVM
IN GENTI (sic) MERORE DIEM
SVVM VLTIMVM CLAVSIT
DIE VII AVGVSTI
MDXCVI
FAVSTINA SALDINA
VXOR ET SILVIVS
FILIVS MESTISSIMI
PP.

6.

S. Mariae de Populo.
Humi.

D. O. M.
MILITVM QVI AD ILL.MI
ROMANI GVBERNATORIS
IVLII MONTERENTII
CVSTODIAM EXCVBANT
PETRVS SACCHETIVS
SANCTO SEVERINAS

CLASSIS IX.

HVIC COHORTI PRÆFECTVS
FACIENDVM CVRAVIT
DIE XXV. IANVARII
ANNO BISSESTILI M. DC. XII

7.

SS. XII. Apoſtolorum.
Hæſi.

D. O. M.
LVDOVICO CICOLINO IOSEPHI F.
MACERATENSI PATRITIO EQVITI S. STEPHANI
BONORVM AMANTISSIMO MALORVM PATIENTISSIMO
PIETATE IN DEVM BENEVOLENTIA IN HOMINES
MODERATIONE IN SE CLARISSIMO
BERNARDINA PELICANA MATER OPT. F.
VICTORIA TARDINA MARITO CHARO
ET CVM IIS ANTONIVS CICOLINVS
EX PATRVELE NEPOTI
PROPE SVAM FILIAM MARGARITAM
PONI CVRAVIT
VIXIT ANN. XXXVIII. MENS. VII.
OBIIT ANNO SAL. MDCXXXVIII.
OCTOBR. DIE XXIII.

8.

SS. Vincentii & Anaſtaſii in Trivio.
Hæſi.

D. O. M.
HIERONYMÆ VATIELLÆ
NOBILI FEMINÆ ANCONIT.
IN QVA RELIGIO MORVM SVAVITAS

INSCRIPT. PICENAE

ET ADMIRABILIS PRVDENTIA
FLORVERE
QVAE DVODEVIGINTI MENSES
CVM MARITO CONIVNCTISSIME
VIXIT
AC DEMVM IN PARTV
EXTINCTA EST
IO. FRANCISCVS FERRVCCIVS
ECCLESIASTICI EXERCITVS
COLLATERALIS
CONIVGI CARISS. CVM
LACRYMIS POS.

OBIIT AN. AET. XXXV.
ANNO DOM. MDC. XL. VI.
DIE X. NOVEM.
ET CONDITA IN HOC SEP.
DOMVS FERRVCCIAE

9.

S. Mariae Tranſtyberim.

In pariete.

D. O. M.
IOANNI PAVLO MOZZIO LAVRETANO
SS. MAVRITII ET LAZARI COMMENDATARIO
VIRO NON MINVS PROBITATE VBIQVE CONSPICVO
QVAM IN AVLA ROMANA PLVRIMIS SERVITIIS PRINCIPVM
FIDE ET DILIGENTIA LAVDABILITER EXPERTO
AETATIS SVAE ANNOR. LXXV
ET ANNAE MARIAE RESTAGNAE ROMANAE
VIRTVTE ET HONESTATE MERITISSIMAE CONIVGI
AETATIS SVAE ANNOR. LXIII.
IN EODEM MENSE NOVEMBRIS ANNI MDCLXXIII

EX

CLASSIS IX.

EX HAC MORTALI VITA EREPTIS
CVM XXXXV ANNOR. SPATIO SIMVL IN CARNE VNA VIXERINT
IDEO IN OSSIBVS HIC SEPARARI NOLVERVNT

IO.
S. Mariae de Scala.
Sepulcrum cum prosome.

D. O. M.
LEONORE . FERRETTE . EX . COM. IOANNE . EQVITE . CALATR.
FILIO . COM. VGONIS . EQVIT. S. IACOB. AC . NEPOTE
FR. CESARIS . EX . COMIT. CASTRI . FERRETTI
PRIORIS . S. STEPHANI . DVCIS . CLASSIS . MILITEN. ET
LEGATI . APVD . PHILIPP. IIL REG. HISPAN.
ET . EX . COM. CATHARINA . BORBONIA
EX . MARCHION. MONT. S. MARIE
PRONEP. CARD. A . MONTE . SAC. COLL. DECANI
QVE . ORBATA . VIRO . DILECTISS.
BERNARDINO . GALLO . EQVIT. S. IACOBI
PRONEPOT. CARD. GALLI . SAC. COLL. DECANI
TVTIVS . ANIME . SVE . CVNSVLTVRA (&c)
ANCONA . SE . TRANSTVLIT . ROMAM
VBI . IN . HOC . MARMORE
MAIOR. SVOR. SCVLPTA . MEMORIA
VT . CITIVS . CELVM . ASCENDERET
ADHVC . VIVENS
HANC . SCALAM . ELEGIT
OB. AN. MDCXCVII.
ETAT. SVE . AN. LXXXIV.
MEN. IV. DIE . XXVII.
CONSEPVLTA . IACENT . OSSA
FRANC. MARIE . GALLI . FILII
DEFVNCT. XXXI. AVGVST.
A. D. MDCCV.

INSCRIPT. PICENAE

11.
S. Salvatoris in Lauro.
Humi.

D. O. M.
FR. VGONI EX COMITIBVS FERRETTIS
PATRITIO ANCONITANO
AC RELIG. HIEROSOLYMIT. COMMENDATAR.
MAGNIQVE PRIORATVS VRBIS
LOCVMTENENTI
VIRO SVMMA PIETATE AC NOBILITATE
CONSPICVO
FRATRI OPTATISSIMO
COMES IOANNES FERRETTVS
M. P.
LVCEM ASPEXIT
PRIDIE IDVS NOVEMBRIS MDCLII
OBIIT
NONIS FEBRVARII
MDCCXV

12.
S. Francisci Stygmatum.
In pariete.

D. O. M.
CAMILLVS COMES FERRETTI ANCONITANVS
HIEROSOLYMITANVS EQVES
SANCTÆ MARIÆ COLLEMODIE
AD CENTVMCELLAS COMMENDATARIVS
SVB CLEMENTIS X PONTIFICATV TRIREMIVM DVX
AC SVB INNOCENTII XI AVSPICIIS
NAVALIS CLASSIS MODERATOR EGREGIVS
EIVSDEM QVOQVE SVMMI PONTIFICIS IVSSV
IN PRÆFATA CIVITATE
ARMORVM REGIMINE STRENVE PERFVNCTVS

QVI-

CLASSIS IX.

QVIQVE SVORVM DVMTAXAT MERITORVM INTVITV
ANNO MDCCXXVIII
MAGNÆ CRVCIS
ATQVE NEAPOLITANI BAIVLIVATVS HONORE
AB IPSAMET HIEROSOLYMITANA RELIGIONE
CONDECORATVS
POST ANNORVM LXXXVII MENSIVM II
AC DIERVM XII CVRSVM
PRECLARE GESTIS EMENSVM
XI KALENDAS MAII MDCCXXIII
E VIVIS GLORIOSE EREPTVS
HIC
POSTREMIS SVIS TABVLIS
TVMVLARI DECREVIT

13.
S. Bonaventurae.
Humi .

D. O. M.
CLAVDIVS . DE . GABBVCCINIS . PATRICIVS . FANESTER.
MARCHIO . A . VILLANOVA
ORDINIS . MILITARIS . S. STEPHANI . EQVES . COMMENDAT.
TERTIO . POST . OBITVM . DIE . QVARTO . NONAS . XEMBRIS
MDCCLIX
H. S. E.

INSCRIPT. PICENAE
OFFICIA DOMVS PONTIFICIAE
CLASSIS DECIMA.

1.
S. Mariae de Aracoeli.
Humi.

FLOCCA DOMVS NOMEN MIHI SANCTES PATRIA FIRMVM
SCRIPTOR ERAM ET MEDICVS PAVLE SECVNDE TVVS
VIXIT AN. XLIIII. OBIIT IIII. NON. OCTOBR. FRATRI
CONCORDIALI NICOLAVS FLOCCIVS B. M. POSVIT

2.
S. Petri in Vaticano.
In cryptis.

D. O. M.
IOANNI BAPTISTAE ⚜ BENEDICTO
CAMERTI EQVITI D. PETRI COMITI Q.
PALATINO PAVLI III. PONT. MAX. DOMESTICO
QVI OBIT (&c.) AN. SAL. HVM. M. DL. X. VI. VIII.
IDVS APR. AETATIS SVAE LXVII. M. V. D. I
CAROLVS EIVSQ. NEPOTES FRI ET PATRVO
CARISS. POSS.

3.
S. Agnetis extra muros.
In pariete, cum Pontificis imagine depicta.

D. O. M.
ET . MEMORIAE
LEONIS . XI. SVMMI . PONT.

QVI .

CLASSIS X.

QVI . PRO . EXIMIA . SVA
IN . B. AGNETEM . PIETATE
TEMPLVM . HOC . RESTAVRARE
ET . ILLVSTRARE . AGGRESSVS
PRAECIPVVM . SACELLI . HVIVS
CVLTVM . ELEGANTIAMQVE
MOLIEBATVR
NISI . MORS . PRAEPROPERA
COEPTIS . INTERVENISSET
PETRVS . IACOBVS . CIMA
EIVSDEM . PONTIFICIS
INTIMI . CVBICVLI
PRAEFECTVS
IDEM . SACELLVM . ORNANDVM
CVRAVIT . VOTI . SVI
ET . PERPETVAE . ERGA . OPTIMVM
ET . OMNIBVS . OPTATISSIMVM
PRINCIPEM
OBSERVANTIAE . MONVMENTVM
AN. SAL. CIƆIƆCIX

4.
S. Mariae de Aracoeli.
Humi.

D O M
ALEXANDER CAMERINVS
PATRICIVS CAMERS BVLLARIAE
APLICAE PRAESES
FRIS IVNIPERI OLIM DIEM
FVNCTI OSSIBVS PIETATIS
ERGO DECENTIVS SVPRA
REPOSITIS EA PROPE SIBI
MORTALITATIS SVAE
MONVMENTVM VIVENS
IN SOLO POSVIT
A. SAL. MDCXXI

INSCRIPT. PICENAE

5.
S. Salvatoris de Cupellis.
Humi.

D O M
SILVERIO SPICIATO SEPTEMPEDANO
COMITI PALATINO PROTONOTARIO APLĪCO
BENEFICIATO LATERANESI
EMINENTIS. CARDINALI BVRGESII FAMILIARI (&c)
ET PAVLI V. PONT. MAX. INTIMO CAPELLANO
QVI IN EORVM FAMVLITIO
FIDELITER SEMPER VERSATVS
HERIS GRATVS AMICIS CHARVS CETERIS IVVENDVS (&c)
INOPINA MORTE RAPTVS
MAGNVM SVI DESIDERIVM OMNIBVS RELIQVIT
OBIIT ETATIS SVE ANNO LVI
CHRISTI AVTEM CIƆIƆCXXX
PRIDIE IDVS NOVEMBRIS
AVRISILLA SPICIATA DE BERGAMINIS SOROR
ET HERES AB INTESTATO
SEVERINVS VITALIS AFFINIS
FRANCISCVS BENIGNVS EQVES LVSITANVS
ET CAROLVS FERRINVS
BENIGNE INCIDI CVRARVNT

6.
S. Mariae de Aracoeli.
In pariete.

TRIBVS RINALDVCCIIS
NOBILIBVS FANENSIBVS
ARNVLPHO QVI SANCTIS HIEROSOLYMAE LOCIS
CAROLI V. IMP.
ATQVE HENRICI II. XPMI REGIS AVLIS PERLVSTRATIS
A PIO V. INTER CANONICOS S. PETRI

A PAV-

CLASSIS X.

A PAVLO ITIDEM V. INTER
SVI CVBICVLI HONORARIOS ADLECTVS TANDEM PIETATIS
MERITIS CVMVLATVS FERE CENTENARIVS DESIIT M. DC. XX
ALOYSIO EIVS NEPOTI ET IN CANONICATV SVCCESSORI
VBI ET ECCLESIASTICAE DISCIPLINAE LAVDIBVS ET IVRIS
RERVMQ. AGENDARVM PRVDENTIA AEQ. VSVI ATQ. ORNATVI
MAGNVM SVI DESIDERIVM SEPTVAGENARIVS
RELIQVIT M.DCXXIII
IACOBO HVIVS SOBRINO
IN EADEMQ. BASILICA BENEFICIATO
PERPETVO LITTERARVM LITTERATORVMQ. CVLTORI
CVI SEXAGENARIO MORS EX PHARMACO
INTEMPESTIVE SVMPTO MAIORA ABSTVLIT M.DC.XXII
THEODORVS RINALDVCCIVS SVIS MAIORIBVS PATRVISQ.
M. P. M.DC.LX

7.
In templo Vallicelliano.
Humi.

D O M
LAPIDEM HVNC PEREGRINANTIS VITÆ TERMINVM
ANTE SACELLVM SVI APVD DEVM POTENTMI PRONS
S. PHILIPPI NERII
PETRVS SANCTES FIL. Q. GABRIELIS FANTI ET
CHERVBINÆ BOTTÆ CONIVG. EX C.º ROTVNDO CAMERIN.
DIŒC. PROT. APLĈVS ET SACEL. PONTIF. CÆREMON.
PRÆFECTVS PROPERANTEM MORTEM PRÆVENIENS
SIBI ADHVC VIVENS POSVIT
OBYT DIE XXVI DECEMBRIS MDCCXIII
ANNORVM OCTO SVPRA OCTVAGINTA

INSCRIPT. PICENAE

8.

In templo Farnesiano.
Hami.

D. O. M.
PETRO ANTONIO CIMA CINGVLANO
PROTONOTARIO APOSTOLICO
ET EQVITI S. MICHAELIS
VITÆ INTEGRITATE PRVDENTIA ET
CHRISTIANA VIRTVTE CONSPICVO
QVI LEONI XI P. M. CVBICVLI PRAEFECTVS
ET CARISSIMVS FVIT
OBIIT ANNO AETATIS LVI
SALVTIS MDCXXXII. IV. KAL. APRIL:
MASIVS FRATER ET HAERES
FRATRI OPT. ET OPT. MERITO P.

MASIVS CIMA IO. BAP. FIL.
GENTILIS SVI MEMORIAM
RESTAVRAVIT AN. MDCCXXXIX

CLASSIS XI.
AVLICI
CLASSIS UNDECIMA.

1.

S. Luciae de Gonfalone.
Humi.

QVI STAT VIDEAT NE CADAT
D. O. M
MICHELANGELO THOMASINO DE
RIPATRANSONE CI. RO. CANC. AP.
NOT. AC R.^{MI} ET ILL.^{MI} D. G. ASC.
SFORTIE CAR. S. R. E. CAMER. A
SECRETIS GERMANO FRATRI SVO
OPT. B. M. LVCAS THOMASINVS MERENS
VIX. AN. XXXVI. OBIIT XXVI. IAN.
M. D. XLVI

2.

Ibidem.
Humi.

D. O. M
FABRITIO . E . VARANA . HONES
TISSIMA . CAMARINI . DVCVM
FAMILIA . ORTO
GVIDO . ASCANIVS . SFORTIA . S. R. E.
CARD. CAMER. FAMILIARI .
IVCVNDISSIMO . B. M. F.
VIX. ANN. XLV. OBIIT . DIE
VII. MENSIS . AVGVSTI . ANN. SAL.
M. D. LIII

INSCRIPT. PICENAE

3.
S. Mariae supra Minervam.
Humi.

VINCENTIO PALATIO
ANTONII F. FANENSI CVIVS
ID ERAT INGENII SPECIMEN
VT ILL. AC R̃ CARD. ALEXANDRIN
PII V. PONT. MAX. NEPOS
ILLO AMMISSO
NON TAM CVBICVLARIO SED
INTIMO LICET AC NOBILI
QVAM SVAVISS. ET PRVDENTI
VIRO PRIVARI DOLVERIT
PATER ET PENTHESILEA
MATER INCONSOLAB.
OBIIT IMMATVRO ÆTATIS
SVÆ ANNO XXII DIE XIII
SEP. M. D. LXVIII

4.
S. Simeonis prophetae.
Humi.

D. O. M.
CAESARI MARIANO FIRMANO
ILL.^{MI} ET R.^{MI} PIAE MEMORIAE
D̄NI IŌIS ANTONII CAR^{LIS}
CAPISVCCHI DVM VIXIT -
FAMILIARI AMICVS
QVIDAM INTEGRITATIS
P. C.

INGENIVM VITAMQ̃ TVAM
CARISSIME CESAR

COGNOVI ROMÆ TVNC PLACV
ISSE BONIS

CLASSIS XI.

VT TE GAVDENTEM VIDEAM
REGIONE POLORVM
CONCIVEM FACIAT QVI REGIT
ASTRA DEVS
OBIIT MENSE AVGVSTI M. D. LXXX

5.

S. Mariae de Populo.
Hami.

D. O. M.
RVBERTO . PINO . PATRICIO . AVXIMATI
ILL.^{MI} ET R.^{MI} DD. NICOLAI . CAETANI . CARD.
SERMONETA . A . SACRIS . VIRO . PROBO . ET . PIO
MVLTIS . IN . SODALITATIB. SANCTIS . MVNERIB.
EGREGIE . FVNCTO . CAVDATARIORVM
DECANO
IOSEPH . BONIPETRVS . NOVARIEN
NICOLAVS . MASSVTIVS . RECANATEN
IVLIVS . ALTOBELLVS . MVTINEN
TESTAMEN. EXECVTORES . PP.
VIXIT . ANN. LXXXI. MEN. L D. XVI
DECESSIT . IBIB. OCTOB. M. D. LXXX

6.

S. Honuphrii.
Hami.

D. O. M.
RANVTIO THOMASINO FANENSI
QVI GENERIS CLARITATE
MORVM PROBITATE
FIDEI INTEGRITATE
ALEXANDRO DE MONTEALTO CAR.
S. R. E. VICECANCELLAR

INSCRIPT. PICENAE
CARISSIMVS FVIT
GALEOTTVS ET LAVRA MAESTISSIMI
FIL. DESIDERATISSIMO P. C.
VIX. AN. XXXI
OBIIT AN. D. MDXCI

7.
Ibidem.
Hemi.

D. O. M.
BERNARDINO . GEORGIO
NOBILI . FANENSI
MILITI . ORDINIS . PORTVGALL.
HIERONYMO . RVSTICVCIO
S. R. E. CARDINALI
OB . INDEFESSAM . SVMMAE . FIDEI
PER . VIGINTISEPTEM . ANNOS . EXPERTAM
FAMILIARITATIS . ASSIDVITATEM
APPRIME . GRATO
OFFICIO . ERGA . OMNES
INCOMPARABILI
QVI . VIXIT . ANN. XXXXIIII.
MEN. IX. DIES . XVII.
OBIIT . XVL NOVEMB.
M. D. LXXXXII.

ISABELLA . RAPARIA . CREMONEN.
CONIVGI . VNICE . DILECTO
MOERENS . POSVIT.

CLASSIS XI.

8.
SS. Trinitatis Peregrinorum.
Humi.

D. O. M.
CESARIO GIORIO CAMERTI
PROBO
AC HONESTO VIRO
QVI
FAMILIARI XLVI. ANNORVM VSV
FIDEI ET SOLERTIAE LAVDEM
AC BENEVOLENTIAM
MAPHAEI CARD. BARBERINI
SIBI MERVIT
ET
NEPOTIBVS
AD AMPLISSIMAS DIGNITATES
AB
VRBANO VIII
CONSEQVENDAS VIAM APERVIT
VIXIT ANN. LXXVI
NATVS VI. ID. APR. MDXLVII
OBIIT
EADEM DIE ANN. MDCXXIII
NEPOTES
PATRVO DE FAM. GIORIA
OPTIME MERITO
POSS.

9.
S. Catharinae de Rota.
In pariete.

D. O. M.
NICOLAVS BONARELLVS
PATRICIVS ANCONITANVS HIC SITVS SVM

INSCRIPT. PICENAE

IN ODOARDI FARNESII CARD. AVLA
DIV AC FELICITER EGI NACTVS PRINCIPEM
CVI PLACERE DVM STVDVI OMNIBVS PLACVI
TV QVIS QVIS HÆC LEGIS
VT AVLA CÆLITVM RECIPIAR DVM POTES IVVA
TVI MEMOREM IVVABIS
OBII AN. DOM. MDCXXIII. ÆT. MEÆ LXIII.

10.

S. Laurentii in Damaso.

Hæmi.

D. O. M.
BRADAMANTI TORNABONÆ
HONESTISSIMAE ET PYSSIMAE
FOEMINAE AC PLINIO BONIOANNI
FIRMANO SOLERTI VIRO OB
EGREGIAS ANIMI DOTES
GLORIOSAE MEMORIAE
ALEXANDRI CARD. MONTALTI
INTIMO FAMILIARI
LEANDER BONIOANNES HVIVS
BASILICAE CANONICVS
AD EXCITANDAM IN POSTERIS
CARISSIMOR҉ SIBI PIGNOR.
MEMORIAM
MONVMENTVM HOC MATRI
SVAVISSIMAE ERATRI (Sc) OPTIMO
SIBI ET VNIVERSAE
BONIOANNIVM FAMILIAE POSVIT
KAL. XBRIS ANNO IVBILEI MDCXXV

CLASSIS XI.

II.
S. Andreae de Fractis.
Hewi.

D. O. M.
PETRO ANGELO IOANNINO CINGVLANO
MAGNAE IN CONSCRIBENDIS EPISTOLIS
ATQ. IN REBVS GERENDIS PRAESTANTIAE
ET DEXTERITATIS
IN GERMANIA PRIMVM ET POLONIA
APVD SEDIS APOSTOLICAE NVNTIOS
INDEQVE
ANTONII MARIAE S. R. E. CARDINALIS GALLI
A SECRETIS
QVO VITA FVNCTO
IO: BAPT. PAPHILIO NVNTIO NEAPOLIT.
EAMDEM OPERAM PRAESTITIT
. . . . . . SECVTVS EST COMITANTEM
FRANCISCVM BARBERINVM S. R. E. CARDIN.
IN GALLIAM HISPANIAMQ. LEGATVM
AD REGES POTENTISSIMOS MISSVM
OBIIT ROMAE VII. ID. IANVARII
DIVTVRNO MORBO CONFLICTVS
QVEM IN ITALIAM REVERTENS
BARCINONI CONTRAXERAT
AETATIS ANNOR. XLVII
REDEMP. HVM. MDCXXVIII
IVLIANVS ABBAS RVSCELLVS
AMICO INCOMPARABILI POS.

S. Lau-

INSCRIPT. PICENAE

12.
S. Laurentii in Fonte.
Sepulcrum cum imagine depicta.

D. O. M.

IOANNES . OLIVERIVS . IVSTINVS . NOBILIS . ESINVS
PROTONOT. APLICVS . ET . S. D. N. CVBICVLARIVS
QVI . PRIMVM . II. ET . XX. ANNOS . AB . EPVLIS
FRANCISCI. MARIÆ . A . MONTE . CARD. DEIN. AD. IDEM
MVNVS . IN . VATIC. HOSPITIO . ASCITVS . FERDINANDVM
MANTVÆ . DVCEM. HENRICVM . PRINCIPEM .'CONDENSEM
SVB . GREGORIO . XV. VRBANO . VERO . VIII. P. M.
LADISLAVM. POLONIÆ . POSTEA . REGEM . LEOPOLDVM
ARCHIDVCEM . AVSTRIÆ . FERDINANDVM . MAGNVM
HETRVRIÆ . DVCEM . ROMAM . VENIENTES . EGREGIA
INDVSTRIÆ . ET . SEDVLITATIS . COMMENDATIONE
EXCEPIT . OPERA . ETIAM . SVA . MARIÆ . AVSTRIACÆ
VNGARIÆ . REGINÆ . PER .. ECCLESIASTICAM
DITIONEM . TRANSEVNTI . PRÆCLARE . NAVATA
IDEM . VNVS . E . CENTVM . VIRIS . FVNDATORIB. VRBANÆ
AVLICORVM . CONGREGAT. IN . HOC . TEMPLO . IAM
QVINQVAGENARIVS . SIBI . VIVENS . SEPVLCHRVM
POSVIT . ORNAVIT . ANNO . DNI . M. D. C. XXXIII

13.
S. Nicolai in Carcere.
Humi.

D. O. M.
OCTAVIO POSTHVMO A MONTE BAROCIO
CIVI FANENSI
EM. ET REV. CAR. PII PR. FECTO (sic) DOMVS
HVIVS ECCLESIÆ CANONICO

CLASSIS XI.

VITÆ INTEGERRIMÆ
SVMMÆQ. IN PAVPERES PIETATIS
ET LIBERALITATIS VIRO
IOANNES BATISTA ET
IOANNES FRANCISCVS POSTHVMI
EX SORORE NEPOTES ET HEREDES
GRATI ANIMI PP.
OBIIT IX. KAL. IVLII M. DC. XXXVI
ÆTATIS ANNO LXXXIII

14.

S. Silveſtri in Quirinali.

Hemi.

D. O. M.
BARTHOLOMÆO DIONYSIO
PHANENSI PROTHONOTARIO
QVI
PRINCIPVM CVRIS ADMOTVS
MIRABILEM DE SE OPINIONEM
EGREGIE PARTAM EGREGIE SVSTINVIT
IOSEPH DIONYSIVS EX ASSE HAERES
FRATRI BENEMERENTI
M. H. P.
OBIIT ANNO MDCLXVII DIE XV FEB
ÆTATIS SVÆ XXXXVIII MENSE VI DIE II

15.

S. Spiritus in Saxia.

Hemi.

D. O. M.
AEMILIO PTOLOMAEO
DE GREGORIANIS DE SCŌ
ELPIDIO FIRMANAE
DIOECESIS GENERE VIRTVTI
BVS

INSCRIPT. PICENAE
BVS ET ANNIS GRAVI
IOHANNES IACOBVS
GREGORIANVS AVVN
CVLO POSVIT. OBIIT
K. SEPTEMBRIS M. D.
XXVI. AETATIS SVAE
ANNO LXVI.

Ibidem.

FAVSTINAE GREGORIANAE
ELPIDIENSI NOBILI VIRGINI
VIRTVTVM OMNIVM
EXEMPLO SPECTATISSIMAE
QVAE OBIIT X. KAL. APR.
MDLXXII.
IOHANNES FRATER
SORORI DILECTISSIMAE
POSVIT
VIXIT ANN. XXXV.

16.
SS. Angelorum Cuſtodum.
Cum protome.

D. O. M.
FRANCISCVS SOLARIVS DE CIVITATE NOVA IN PICENO
APVD
CHRISTINAE ALEXANDRAE SVECIAE REGINAE MAIESTATEM ALIOSQ
VRBIS MAGNATES
RATIOCINATOR
VT ANIMAE SVAE RATIOCINIVM OPTIME FIRMARET
ARCHICONF. S. ANGELI CVSTODIS HAEREDEM EX ASSE DECLARAVIT
CONFRATRES PIO BENEFACTORI
DIE XXXI. DECEMB. ANN. M.DC.LXXVI. AETATIS SVAE LXV. DEFVNCTO
HOC GRATI ANIMI MONVMENTVM POSS.   S. ‹e-

CLASSIS XI.

17.
S. Mariae de Aracoeli.
In pariete.

D   O   M
LVDOVICO PICCINO
PATRITIO ÆSINO
S. MARIÆ ABBATI COMMENDATARIO
EMINENTISSIMI PRINCIPIS PALVTII
CARDINALIS DE ALTERIIS S. R. E. CAMERARII
IN SACRO CONCLAVI QVINQVIES MINISTRO
ET PER ANNOS PLVS QVAM QVINQVE ET QVADRAGINTA
SVPPLICVM LIBELLORVM A SECRETIS
SVMMA PRVDENTIA CONSPICVO
RELIGIONE AC IN PAVPERES CHARITATE
QVI PRÆTER ALIA MVLTA PIE LEGATA
AC TRIA QVOTIDIANA SACRA PERPETVA
RELICTIS CENTVM LOCIS MONTIVM
VEN. SODALITIO SS. MARIÆ NOMINIS
PRO STATVENDA QVOTANNIS DOTE
HONESTIS DECEM ET EGENIS PVELLIS
OBIIT PRID. KAL. DEC. MDCXCVI. ÆT. SVÆ LXIV.
IACOBVS ANTONIVS PICCINVS
EIVS IN SACRA OLIM CONFIRMATIONE CLIENS
ET AB EODEM SVPREMIS TABVLIS EX MAGGIA IN PICCINAM
FAMILIAM ADOPTATVS ET HERES INSTITVTVS
GRATI ANIMI CAVSA MVLTIS CVM LACRYMIS POSVIT
SIBIQVE PRÆTEREA ET SVIS

INSCRIPT. PICENAE

18.
SS. Vincentii & Anastasii in Trivio.
Humi.

D   O   M

FR (&c)   .   VS (&c)
ANCISCVS CACCIAVILLANVS AVXIMAN
BANDINI PANCIATICI
S. R. E. TIT. S. PANCRATII PRESB CARD
ARCHITRICLINVS
OBIIT SEXTO ID. DECEMBRIS MDCIC
ÆTATIS SVÆ L.
HÆRES MÆRENS POSVIT

19.
S. Laurentii in Lucina.
Humi.

D. O. M.
NICOLAO BALLEANO PATRICIO ÆSINO
GALEATII MARISCOTTI
TITVLI S. LAVRENTII IN LVCINA
S. R. E. CARDINALIS AMPLISSIMI
PER ANNOS XXXVIII. CVBICVLI PRAEFECTO
MORVM INTEGRITATE
MVNERISQ. BENE GESTI LAVDE PROBATISSIMO
ANN. MDCCXVII. ÆTATIS SVÆ LXXXVII
VITA FVNCTO
CAIETANVS BALLEANI
EX NOBILI GVGLIELMORVM FAMILIA
CONSANGVINEVS ET HÆRES
GRAT. AN. MON. POS.
ANN. D. MDCCXVIII

CLASSIS XI.

20.

S. Luciae Gymnasiorum.

Howl.

D O M
QVISQVIS ES ......
ET MIRA ....
IOANNES ....
CLANCIANENSIS ......
AVLICVS LXXX. ...
APVD AMPLISS. ......
PROSPERVM ....
HIERONYMVM ......
ANTONIVM .....
ET DOMINICVM .....
SACRI ORDINIS ......
QVI TANDEM ....
VITAM CLAVSIT ......
DIE XII. OCTOBRIS ......
MOERORIS ....
ASCANIVS PAVOLOTIVS
EX NEPTE

INSCRIPT. PICENAE
MEDICI
CLASSIS DUODECIMA.

1.

S. Stephani del Caccò.

In pariete.

D. O. M.
ANNIBAL . GRADARIVS . FANEN. MEDICVS
SIBI . POSTERISQ. SVIS . VIVENS
ANNO . SAL. M. D. LXXVIII

2.

Ibidem.

In pariete.

D. O. M.
ANNIBAL . GRADARIVS . FANENSIS . MEDICVS
HORTENSIAE . MENICHELLAE . ROMANAE . MARITVS
SACELLVM . HOC . D. STEPHANO . DICATVM
DE . COMMVNI . PECVNIA . EXTRVXIT . AC . DOTAVIT
HIS . CONDITIONIBVS . VT . HVIVS . TEMPLI
SACERDOTES . IN . HOC . SACELLO - SINGVLIS
DIEBVS . VNAM . MISSAM . CELEBRENT . SINGVLIS
AVTEM . ANNIS . DIE . XV. IANVARII . EIVS . VXORIS
ANNIVERSARIO . TRES . PRIVATAS . ATQ. VNAM
SOLENNEM . IDEM . ETIAM . FACIANT . SINGVLIS
ANNIS . IN . DIE . OBITVS . IPSIVS . ANNIBALIS

QVOD

CLASSIS XII.

QVOD . SI . OMISERINT . TVM . DOS . SACELLO
ATTRIBVTA . AD . ECCLESIAM . D. MARIAE
SVPRA . MINERVAM . CVM . IISDEM . ONERIBVS
DEVOLVATVR . HARVM . AVTEM . OMNIVM . ACTA
EXTANT . APVD . POMP. ANTONIVM . NOT. A. C.
SVB . DIE . III. IVLII . M. D. LXXXI

3.
SS. XII. Apostolorum.
Hami.

D. O. M.
FERDINANDO EVSTACHIO
NOBILI MACER. CIVIQ. ROMANO
INGENIO AC DOCTRINA INSIGNI
PHILOSOPHO ACVTISS.
NEC NON MEDICINAE FACVLTATE
EXCELLENTISS.
VIXIT AN. LII. MEN. III. DIES XI.
OBIIT DIE XVIII. MAII MDVIC.

4.
S. Mariae de Scala.
Hami.

D. O. M.
MARCO ANTONIO LVCIANO
PICOENO VIRO INTEGRITATE
AC PIETATE CONSPICVO
PHILOSOPHIAE PERITISSIMO
ET IN ALMAE VRBIS GIIM. (&c).
NASIO MEDICINAE PRIMA
RIO PROFESSORI
CLERIA LVCIANA FILIA

INSCRIPT. PICENAE

DILECTO GENITORI MOE
STISSIME POSVIT
OBIIT PRID. KAL. IVNII
MDCXXXVI
AETAT. LXIII

5.

S. Auguſtini.
Sepulcrum cum protome.

D. O. M.

IO. IACOBVS BALDINVS EX APIRO IN PICENO PHILOSOPHIÆ AC MEDICINÆ

LAVREA DOCTORATVS A BENEDICTO CARD. IVSTINIANO ROMAM ACCITVS SCIP

IONI QVOQ. CARD. BVRGHESIO INSERVIENS ILLVSTRIS NOMINIS EXISTIMATI

ONE ITA INCLARVIT VT EIVS OPERA OMNES FERE PVRPVRATI PATRES AC PRINCIPES

VTERENTVR QVINIMO REPARANDA VRBANI VIII. AC INNOCENTII X. SALVS EIVS CV

RAE SAEPE CREDITA FVIT AB ALEXANDRO VII PARITER ACCERSITVS OB VALETVDI

NEM AC SENECTVTEM IMPOTENS MERITO MVNERE SE ABDICAVIT TOT VE

RO POST HONORIFICOS LABORES VITE METAM ATTINGENS PATRIAM QVA

M OPERVM SPLENDORE CLARAM REDDIDERAT OPVM LARGITIONE LOCVPLE

TAVIT NAM IN APIRO VBI ECCLESIAM SVB INVOCATION S. VRBANI A FVNDA

MENTIS

CLASSIS XII.

MENTIS EREXERAT COLLEGIATAM DVODECIM CANONICORVM CVM OCTO BENE

FICIATIS INSTITVIT VIRGINIBVS NVBILIBVS CERTAM PECVNIAM IN DOTEM PRÆ

SCRIPSIT ET EX OMNI ASSE HÆREDES DVODECIM CANONI- COS VLTIMIS TABVLIS

DECLARAVIT MVLTIS DEINDE LOCIS PIETATI ADDICTIS LE- GATO INGENTI AERE CO

NSVLVIT QVI ENIM AMANTISSIMVS PAVPERVM PATER FVERAT PAVPERVM

INOPIÆ ETIAM POST FATA PRAESTO ESSE VOLVIT SIC PLVS ALIIS QVAM SIBI VI

VENS ANNO REDEMPTÆ (&c) MDCLVI. ÆTATIS SVÆ LXXII PIE- DEVIXIT TOT

IGITVR OB PROMERITA CANONICI S. VRBANI IN APIRO GRA- TISSIMORVM

ANIMORVM INSTINCTV TANTI BENEFACTORIS MEMORIAM CO- LERE VOLENTES

ILLVM HOC IN ECCLESIA IN QVA CONDI VOLVIT LVCI RE- STITVVNT ET AETERNI

TATI COMMENDANT ANNO IVBILEI MDCLXXV. THOMAS PE RANZONVS CANONI

CVS ET EXECVTOR TESTAMENTARIVS MONVMĒTV HOC AERE HÆREDITATIS PONĒDV CVRAVIT

S. Ni-

6.

S. Nicolai de Tolentino.
Humi.

D. O. M.
COSMVS BERNARDINELLVS DE AESIO CHIRVRGVS
VRSVLAE MARRACCIAE LECTISSIMAE CONIVGI DEFVNCTAE
AC SIBI SVISQVE POSTERIS HOC M. P.
PIE LECTOR DISCE
A FVGA TEMPORIS LICET DEVINCTI
ABIRE ME SIMVL TECVM ET OBIRE
QVIQVE VIVENS LACRYMAS A NEMINE CVPIO
MORTVVS AB OMNIBVS PIACVLA EXPECTO
A. MDCLXXXI.

CLASSIS XIII.
PICTORES
CLASSIS DECIMATERTIA.

1.
S. Martinae.
In pariete, cum imagine depicta.

D. O. M.
EXIMIÆ MINIATRICIS
FAMA
IOANNE GARZONIAE
DE ASCVLO IN PICENO
POST TERRARVM SPACIA
GLORIOSE EMENSA
HIC
ALIAS COMPLICAVIT
ACADEMIA S. LVCÆ
PICT. SCVL. ET ARCH. VRBIS
EX TEST. HÆRES
MONVMENTVM HOC
INSIGNIS MEMORIÆ
BENEFACTRICI P.
OBIIT M. DC. LXX

2.
S. Mariae ad Martyres.
Sepulcrum cum protome.

RAPHAELI SANCTIO IOAN. F. VRBINAT.
PICTORI EMINENTISS. VETERVMQ. AEMVLO
CVIVS SPIRANTEIS PROPE IMAGINEIS SI

Inscript. Pict.

CON-

INSCRIPT. PICENAE

CONTEMPLERE NATVRAE ATQ. ARTIS FOEDVS
FACILE INSPEXERIS
IVLII II. ET LEONIS X. PONTT. MAXX. PICTVRAE
ET ARCHITECT. OPERIBVS GLORIAM AVXIT
VIX. A. XXXVII. INTEGER INTEGROS
QVO DIE NATVS EST EO ESSE DESIIT
VIII. ID. APRIL. M. D. XX.
ILLE HIC EST RAPHAEL TIMVIT QVO SOSPITE VINCI
RERVM MAGNA PARENS ET MORIENTE MORI

In sepulcri basi.

VT VIDEANT POSTERI ORIS DECVS AC VENVSTATEM
CVIVS GRATIAS MENTEMQ. CÆLESTEM IN PICTVRIS
ADMIRANTVR
RAPHAELIS SANCTII VRBINATIS PICTORVM PRINCIPIS
IN TVMVLO SPIRANTEM EX MARMORE VVLTVM
CAROLVS MARATTVS TAM EXIMII VIRI MEMORIAM VENERATVS
AD PERPETVVM VIRTVTIS EXEMPLAR ET INCITAMETVM
P. AN. MDCLXXIV

3°.
Ibidem.

D. O. M.
ANNIBAL CARACCIVS BONONIENSIS
HIC EST
RAPHAELI SANCTIO VRBINATI
VT ARTE INGENIO FAMA SIC TVMVLO PROXIMVS
PAR VTRIQVE FVNVS ET GLORIA
DISPAR FORTVNA
ÆQVAM VIRTVTI RAPHAEL TVLIT
ANNIBAL INIQVAM
DECESSIT DIE XV. IVLII AN. MDCIX. ÆT. XXXIX.
CAROLVS MARATTVS SVMMI PICTORIS
NOMEN ET STVDIA COLENS P. AN. MDCLXXIIII
ARTE MEA VIVIT NATVRA ET VIVIT IN ARTE
MENS DECVS ET NOMEN CÆTERA MORTIS ERANT

CLASSIS XIII.

4.

S. Mariae Angelorum.

Sepulcrum cum prosome.

D. O. M.
CAROLVS MARATTI PICTOR
NON PROCVL A S. LAVRETANA DOMO
CAMERANI NATVS
ROMÆ INSTITVTVS ET IN CAPITOLINIS ÆDIB.
APOSTOLICO ADSTANTE SENATV
CLEMENTIS XI. P. M.
BONARVM ARTIVM RESTITVTORIS
MVNIFICENTIA
CREATVS EQVES
VT SVAM IN VIRGINEM PIETATEM
AB IPSO NATALI SOLO CVM VITA HAVSTAM
AC INNVMERIS EXPRESSAM TABVLIS
QVÆ GLORIOSVM EI COGNOMENTVM
COMPARARVNT
MORTALIS QVOQ. SARCINÆ DEPOSITO
CONFIRMARET
IN HOC TEMPLO EID. ANGELOR. REGINÆ SACRO
MONVMENTVM SIBI VIVENS POSVIT
ANNO D. MDCCIV
SOLVM
MIHI SVPEREST
SEPVLCHRVM

INSCRIPT. PICENAE
IN PIA LOCA LARGITORES
CLASSIS DECIMAQUARTA.

I.

S. Petri in Monte Aureo.

Humi.

PATRONVS
HVIVS INSIGNIS SACELLI
IOANNES IACOBVS VRSINVS
PICENAS EX MONTE FALCONE
QVI CVM PROPE ALT^{VM} FAMILIÆ SACELLVM SS^{MI} CRVCIFIXI
IN PATRIO TEMPLO CELEBRIS COENOBII REF.^{VM} S. FRANCISCI
LOCI DE SAXO NVNCVPATI HÆREDITARIVM HABEAT SE-
PVLCHRVM
ITA HIC ROMÆ
SVB EIVSDEM SERAPHICI TVTAMINE
PAR MONVMENTVM SIBI ET FAMILIÆ
NEC NON HÆREDIBVS ET SVCCESSORIBVS QVIBVSCVNQ
VSQ. AD DIEM NOVISSIMAM VNA CVM ANGELO PATRVO
VIVENS POSVIT
ANNO MDCCV

CLASSIS XIV.

2.
S. Mariae de Planctu.
In pariete.

D O M
IN SINGVLOS MENSES DVO SACRA PERPETVO
FACIENDA PRO EXPIATIONE ANIMARVM
BRANCISCI SANTOLINI FANENSIS ET
MAGDALENÆ CONIVGVM ARCHICONFRA
TERNITAS DOCTRINÆ CHRISTIANÆ LEGATA
SIBI A PIO CONFRATRE PECVNIA DECRETO
SANXIT DIE XXI IVNII MDCXXII

3.
S. Honuphrii.
Humi.

D. O. M.
PATRIGNANO BELOCHIO
FANENSI
FRATRES HVIVS ECCLESIAE
EX LEGATO PP.
OBIIT ANNO DOM. MDCXXIII. DIE XIX. APRIL.

4.
S. Laurentii in Miranda.
Humi.

D. O. M.
EX IACOBI PORPHYRII
AROMATARII MORROVALLEN
QVI HIC IACET
TESTAMENTO

COL-

INSCRIPT. PICENAE

COLLEGIO AROMATARIORVM
S. LAVREN. IN MIRAN. SCVTA MILLE
AD QVOTIDIANVM VNIVS MISSÆ
SACRIFICIVM PRO EIVS ANIMA
PERAGENDVM
ET ALIA SCVTA QVINGENTA
AD EXORNANDVM SACELLVM HOC
SS. PHILIPPI ET IACOBI
RELICTA SVNT
OBIIT KAL. AVG. ÆTATIS SVÆ LV.
ANNO IVBILEI MDCXXV.
EXECVTORES TESTAM. P. C.
PER ACTA HIERONYMI DE BELLIS NEOPHYF. (&c) NOT.

5.

S. Mariae de Horto.

Humi.

D. O. M.
LVCIANO BRANCALEONI
DE CAMERINO ET ANTONIÆ
EIVS VXORI GRATA SOC.
POS. AN. SAL. MDCXXXIV.

6.

S. Petri in Monte Aureo.

Humi.

D. O. M.
LEONARDO MATTHEVCCI
NOB. FIRMANO
VIRO MODESTISSIMO
VITÆ INTEGRITATE ET PRVDENTIA
OMNIBVS CHARO

CLASSIS XIV.

QVI VIXIT
ANNOS XLIII. MENSES VIII. DIES XXV,
OBIIT XV. IVLII MDCXLV
MAXIMA POSTERIS
RELINQVENS PIETATIS EXEMPLA
LAVRA BALESTRA
FIRMANA
VXOR MESTISSIMA
MARITO DVLCISSIMO
NON SINE LACRIMIS
POSVIT
ANNO MDCL.

7.

SS. Nominis Mariae.

In interiori cubiculo, cum protome.

D. O. M.

ROCCO CLEMENTI DE BENEDICTIS E SARNANO IN PICENO

QVI NOBILEM SORTIT. INDOLEM ADOLESCENTIĀ STVDIIS LITTE-
RARVM IVVENTVTĒ CAMPSORI NEGOC.

EXERCVIT ET PARTIS EXINDE OPIBVS PIETATĒ SEMPER EGRE-
GIAE (&c)
COLVIT

PRAESERTIM IN HAC ECCLESIA QVAM VIVENS ORNAVIT CV-
MVLAVIT SACRA SVPELLECTILE

SEDVLO REGIMINE AVXIT ET MORIENS BINIS PERPETVIS CAP-
PELLANIIS DOTAVIT SIBIQ. IN SEPVLTVRĀ
ELEGIT

SCILI.

INSCRIPT. PICENAE

SCILICET IACENTIS CINERES MEMORIA IGNITÆ CHARITATIS
VBI MINIFICE EXARSERAT CVSTODIRENT

ET OBDORMIRENT VBI SPIRITVS VIGILAVERAT

NICOLAVS ET CAROLVS GERMANI FRATRES ET HÆREDES HVNC
SEPVLCRALEM LAPIDEM

POSVERE

VIXIT ANNOS LII. MENSES IV. DIES XX. OBIIT DIE XXVI.
DECEMBRIS ANNO MDCLV.

LVGENTIBVS MAGNATIBVS VIRIS EXTINCTVM HOMINEM LAV-
DABILEM GRATVM

ALIIS GENEROSORVM AMICVM

PAVPERIBVS PATREM

8.

S. Mariae de Planctu.
In pariete.

FILIPPO CARDARELLI
DA RIPA TRANSONA DONO'
A QVESTA CHIESA DEL PIANTO
SCVDI QVATTRO CENTO
CON OBLIGO DI MESSE CINQVE
IL MESE IN PERPETVO
CAIOLI NOT. CAP. MDCLXXXXV

9.

S. Mariae in Aquiro.
Humi.

MICHAEL FRANCISCVS MARTYRE
AVXIMANVS
VIR EXIMIÆ PROBITATIS

CLASSIS XIV.

VT RELIGIOSVS
HVIVS ECCLESIÆ RITVS
ANGELORVM PANEM
CVLTVI VIATORVM
QVIBVS FACTVS EST CIBVS
IN FERIA QVINTA
CVIVSQ. HEBDOMADÆ EXPONENDI
FIRMIVS SERVETVR
ANNVOS FRVCTVS
OCTO LOCORVM MONTIVM
IN HANC CAVSAM EXPENDI
QVAMDIV PIA ILLA CONSVETVDO
SERVABITVR
HEREDIBVS FIDVCIARIIS
MANDAVIT
OB. DIE XVIII IANVARII
ANNO MDCCIV

10.

S. Salvatoris in Lauro.

Humi.

D. O. M.
CAMILLO BARTOLO
E CIVITATE NOVA IN PICENO
VIRO PROBO AC INDVSTRIO
ET SINGVLARIS
ERGA B. VIRGINEM LAVRETANAM
RELIGIONIS
OB RELICTAM HEREDITATIS SVÆ PARTEM
IPSIS REDDITIBVS AVGENDAM
TEMPLI HVIVS FRONTI CONSTRVENDÆ

INSCRIPT. PICENAE
AC SACELLO SS. CRVCIFIXI EXORNANDO
NATIO PICENA
BENEMER. POS.
OBIIT ANNO S. MDCCVI ÆTAT. SVÆ LXVII

11.

S. Francisci Stigmatum.
Humi.

D. O. M.
AD PEDES SS. CRVCIFIXI
IACENT OSSA
CHRISTOPHORI MAGNI
HVIVS SACELLI FVNDATORIS
OBIIT DIE XXIX MARTII
ANNO D̄NI MDCCVI
ÆTATIS SVÆ LXXXIII

12.

S. Hieronymi de Charitate.
In pariete.

CHRISTO IESV
MORTVORVM PRIMOGENITO
SACRAM CRVCIFIXI IMAGINEM
IN HOC SACELLO POSITAM
ET DIVVM PHILIPPVM NERIVM
CONGR. ORATORII INSTITVTOREM
ALLOQVVTAM
VIRGINIA DE ALBINIS EIVSQ. FILII
IO. ANTONIVS IOSEPH ET M. MAGDALENA
DE SPETIOLIS FIRMANI

CLASSIS XIV.

PIE VENERANTES
EXPLETO IN ILLIVS CVLTVM ALTARIS ORNATV
ET LAMPADIBVS DOTATIS
ANNIVERSARIVM QVOTANNIS
PRO ANIMABVS SVIS HIC PERPETVO
CELEBRANDVM
A CONGREGATIONE CHARITATIS
GRATA ERGA BENEMERENTES
OBTINVERE
ANNO SAL. MDCCXVII. DIE XIIII. SEPTEMBRIS

13.
SS. Venantii & Anfovini.
Hemi.

D O M
IO. ANT.º ANTONVCCIO CAMERTI
SINGVLARI PIETATE IN DEVM
ATQVE IN D. VENANTIVM
INQVE SVOS CIVES AMORE
VITEQVE AD ANNVM 84. (&c) QVAM RECTISSIME ACTE
LAVDE COMENDATO
QVOD HANC SACRAM EDEM
PIA LARGITATE ORNAVERIT
QVODQVE ALIOS SVO EXEMPLO
AD HEC IPSA PRÆSTANDA EXCITAVERIT
VT LIBERALIS EIVS BENEFICENTIÆ
PERENNIS MEMORIA EXTET
CAMERTES HVIVS TEMPLI CVRATORES
CIVI SVO M. P.
B. M.
MON.
P.   P.
OBYT ANNO MDCCXIIII

INSCRIPT. PICENAE

14.

S. Francisci Stigmatum.
In pariete.

D. O. M.
SACELLVM QVOD OLIM
CHRISTOPHORI MAGNI PIETAS
CHRISTO DOMINO CRVCIFIXO DICATVM EREXIT
DVOBVS INSTITVTIS SACERDOTIBVS
AB SVIS HAEREDIBVS DESIGNANDIS
QVI IN EO QVOTIDIE SACRA FACERENT
IO. ALOYSIVS A TVRRE MAGNI PATRITIVS MACERATENSIS
E CLARISSIMA TVRRIANA GENTE
IN PLVRES IAM FAMILIAS DEDVCTA
QVARVM ALTERA
SVB FINEM DECIMI QVARTI SECVLI
AQVILEIA IN PICENVM AGRVM SE CONTVLIT
CHRISTOPHORI PROAVVNCVLI HERES
POST NOVAM HVIVS TEMPLI INSTAVRATIONEM
LATIVS AMPLIANDVM
ET DECENTIVS EXORNANDVM CVRAVIT
ANNO IVBILEI MDCCXXV.

15.

S. Marcelli.
In pariete.

D. O. M.
PROSPER PARISANVS
CAGGIANI MARCHIO CONTVRSII ET PALI BARO
GENTILITIVM HOC SACELLVM
AB ASCANIO S. R. E. CARD.
CONSTRVCTVM
TEMPORIS INIVRIA SQVALLENS
AERE PROPRIO INSTAVRATVM

ORNA-

CLASSIS XIV.

ORNAMENTIS ADDITIS
IN ELEGANTIOREM FORMAM
RESTITVIT
ANN. SAL. MDCCXXVII

16.

S. Mariae in Cacaberis.
In pariete.

D. O. M.
AVGVSTINVS DE MARIANIS
ANCONITANVS
CONFRATERNITATIS S. MARIAE ANGELORVM ET
S. LVCIAE V. ET M. AVRIGARV VRBIS
CONFRATER STVDIOSISSIMVS
VT OCCASIONEM DARET FIDELIBVS ORANDI
PRO SE ET OMNIBVS IN XPO DEFVNCTIS
HVIC ECCLE DICTAE SVAE CONFRATERNIT.
RELIQVIT LOCA SEX MONTIVM DEDVCENDA
EX VENDITIONE CVIVSDAM SVAE VINEAE
CVM ONERE EXPONENDI PVBLICE DE SERO
PER SPATIVM VNIVS HORAE V. SACRAMENTVM
IN SINGVLIS QVIBVSQ. QVARTIS FERIIS ANNI
IN PERPETVVM
VT LATIVS VIDERE EST IN SVO TESTAMENTO
ROGATO PER ACTA AGAPITI FICEDOLA NOT. CAP.
DIE XXXI. IVLII MDCCXIV
VT TANTAE PIETATIS ET DEVOTIONIS
PERENNIS EXTARET MEMORIA
CONFRATRES HVNC LAPIDEM IN TESTEM ET
VINDICEM EREXERVNT
A. D. MDCCXXIX.

S. Sal.

INSCRIPT. PICENAE

17.
S. Salvatoris in Lauro.
In pariete.

TEMPLVM HOC IN HONOREM DEIPARAE VIRGINIS LAVRETANAE
IAMDIV SACRVM NVPER IN AMPLIOREM
ET ELEGANTIOREM FORMAM REDACTVM
PER INCLYTAM GENTIS PICENAE ARCHICONFRATERNITATEM
IOANNES BAPTISTA TIT. S. MATTHAEI
S. R. E. P. CARDINALIS DE ALTERIIS
DIE VII OCTOBRIS AN. MDCCXXXI
RELIQVIIS SS. MARTYRVM CLEMENTIS
THEOPHILI ET EVTROPII
IN ARA PRINCIPE REPOSITIS
SOLEMNI ECCLESIAE RITV
DEDICAVIT
ET IDEM XII DECEMBRIS AD RECOLENDAM DEDICATIONIS
ANNIVERSARIAM FESTIVITATEM
CONSTITVIT

18.
S. Iofephi.
Hami.

D. O. M
HIC DIEM RESVRRECTIONIS MANET
IOSEPH ORSOLINI ROMANVS
VIR PROBVS ET LIBERALIS IN PAVPERES
QVI MOTVS DEVOTIONE ERGA S. IOSEPHVM
ET DE EIVS ARCHITE VALDE BENEMERITVS
HVIC ECCLESIAE DONO DEDIT
LOCA V. MONT. S. PETRI CVM ONERE EX FRVCTIBVS
CELEBRANDI MISSAM SOLEMNEM DE REQ.

IN.

CLASSIS XIV.

IN. ANNIV. SVI OBITVS ALIASQ. PRIVATAS MISSAS
INFRA SINGVL. ANNOS CVM ELEEM. DVOR. DENARIOR.
PRO QVALIBET ET SINGVLA AD SVAM MENTEM
EX TESTAM. IN ACT. DE COMITIBVS N. C.
ANN. MDCCXXXIX.
VITA FVNC. VS XIII. CAL. MART. MDCCLI.
ÆTATIS SVAE ANNO OCTOGESIMO SECVNDO
IOANNES ORSOLINI PICENVS
EX FRATRE NEPOS ET HERES
DE BENEFICIIS ACCEPTIS MEMOR
EIDEM SVO BENEVOLO PATRVO MŒRENS POSVIT
ANNO SALVTIS MDCCLI.

19.
SS. Venantii & Ansovini.
In pariete.

D. O. M.
MEMORIAE
BARNABEI BENIGNI
PETRI PAVLI BRVNI
AC PROSPERI CIMARRÆ
CIVIVM CAMERTIVM
QVOD
IVNCTIS INSIMVL ANIMIS
ÆDE HAC
PROPRIO ÆRE COMPARATA
CONSTABILIENDÆ
MVNICIPVM SVORVM
IN VRBE SOCIETATIS
PRÆCIPVI AVTHORES EXTITERVNT
NASCENTEMQVE ET INDIGAM
PARI QVISQVE CENSV
EX SINGVLIS EORVM HEREDITATIBVS
VSQVE IN TEMPVS
ALTERIVS AFFVTVRÆ PROVIDENTIÆ
ABLACTARINT ET IVVERINT

INSCRIPT. PICENAE

SOCIETAS IPSA
PRIMARIIS SODALIBVS SVIS
DE SE DE PATRIA AC DE DIVINO CVLTV
EGREGIE MERITIS
GRATI ANIMI ERGO
P. P.

20.
S. Salvatoris in Lauro.
In pariete.

D. O. M.
CHRISTIANÆ LIBERALITATIS EXEMPLVM
IN
MARCH. HIERONYMA PALLAVICINA MONTORIA
EXPRESSVM
NE POSTERITATI DEESSET
NATIO PICENA HÆRES
HOC GRATI ANIMI MONVMENTVM
CVRAVIT

21.
Ibidem.
In sacrarii pariete.

D. ANNIBAL POLLASTRVS
EX TEST. RELIQVIT TRIA
LOCA MONT. SVB. TRIB.
HVIC ECCLESIÆ VT
CELEBRETVR MISSA
SINGVLIS VI. FERIIS
PRO ANIMA D. ANNIBALIS
MARZZANTI
EX QVOR. PRŒTIO FVIT
EMPTA DOMVS A D. D.
DE CAMERINO IN
MONTE IORDANO

CLASSIS XV.
AFFECTVS PARENTVM ERGA FILIOS
CLASSIS DECIMAQVINTA.

1.

S. Laurentii in Damaso.

Humi.

D. O. M.
IOSEPHO BERARDO
MACERATENSI
LAVDOMIA DE GVIDONIBVS
MATER MÆSTISSIMA NVNQ
A LACHRIMIS CESSANS
P.
INCONSOLABILIS
ANN. SAL. M. DLXXIII.
DIE VII. SEPTEMB

2.

S. Mariae in Via.

Humi.

D. O. M.
FRANCISCVS CREANAS CAMERS
ET OLIMPIA MONTELLI CONIVGES
SEBASTIANO F. INFANTI FESTIVISSIMO
PARENTES MESTISSIMI POSVERE
SIBIQ. ET POSTERIS ANNO M. DC. XI

INSCRIPT. PICENAE

3.
Ibidem.
Humi.

D. O. M.
IO. BAPTÆ . PHILIPPO . GHIRARDELLIO
ROMÆ . ORTO . CASTRO . FIDARDI . IN . PICENO . ORIVNDO
PHILOSOPHIÆ . IVRISPRVDENTIÆ . THEOLOGIÆ . PERITISS.
AMŒNIORIBVS . LITERIS . INSIGNITER . EXCVLTO
PIETATE . INGENII . MENTIS . ACVMINE . MEMORIÆ . FIRMITATE
PAVCIS . SECVNDO
MORVM . SVAVITATE . IVCVNDISS.
IN . MEDIO . PRO . MERITÆ . GLORIÆ . STADIO
FESTINE . NIMIS . ABREPTO
VINCENTIA . MANINIA . MATER . INCONSOLABILIS
FILIO . OBSEQVENTISS.
STEPHANVS . ET . IOSEPH . GHIRARDELLII
FRATRI . OPT. MÆSTISS. POSS.
VIXIT . ANN. XXX. MEN. II. D. VIII.
CORPORE . INTEGER . ANIMOQVE . DECESSIT
VII. KAL. NOVEMBRIS . M. D. C. L. III.
CONSVMATVS . IN . BREVI . EXPLEVIT . TEMPORA . MVLTA

4.
S. Stephani del Cacco.
Humi.

D. O. M.
PETRO . LEONI
GENTILINIO , CIV. RO.
SVAVISSIMAE . INDOLIS . PVERO
PATRIS . LVCI . MATRIS . OCELLO
VIXIT . AN. XIL MEN.
SEX . DIES . XV.
OBIIT . AN. DOM. MDXCVI.
MENSE . IVLIO . DIE . XVII.

10.

CLASSIS XV.

IO. MARIA . GENTILINIVS
FABRIANENSIS
CAMILLA . DE . PERLEONIBVS
ROMANA
NATO . VNICO . PERPETVIS
CVM . LACRVMIS . POS.

5.
S. Francisci Stygmatum.
In pariete.

D. O. M.
DOMINICO A TVRRE MAGNO
PATRITIO MACERATENSI
QVI DVM INTER SEMINARII ROMANI CONVICTORES
IN MAGNAM SPEM ADOLESCERET
PIE DECESSIT
IX. KAL. APRILIS MDCCXXXIII AETATIS SVAE XVIII
IOANNES ALOYSIVS A TVRRE MAGNO
ET CATHERINA RICCIA
PARENTES
SVAVISSIMO FILIO
DE QVO NIHIL VNQVAM DOLVERE
NISI QVOD CELERI FATO INTERCEPTVS EST
MAESTISSIME POSVERVNT

T 2   AFFE-

AFFECTVS FILIORVM ERGA PARENTES
CLASSIS DECIMASESTA.

I.
S. Mariae de Horto.
Romæ.

1. S. R.
IO. BAPTISTA MORETTVS
CARPENTARIVS
IN AET. SVÆ LXV. ANNO OBIIT
DIE X. DECEMB. AN. MDCXXIII.
DVM VIXIT HVNC LOCVM ELEXIT (&c)
IN QVO RINALDVS EIVS PATER
ETIAM CARPENTARIVS IACET
QVI POST LXXXV. ANNOS
EX HAC VITA MIGRAVIT
QVINTA MENSIS OCTOBRIS
ANNO CHRISTI MDCIII.
FRANCISCVS MORETTVS
ARTIS CARPENTARIOR. CAMER.
ET ANDREAS EIVS FRATER
IOAN. BAPT. FILII
VIVENTES
EX TESTAMENTO HAEREDES
PRO EIS AC POSTERIS
HOC MONVMENTVM PP.

SS. SL.

CLASSIS XVI.

2.

SS. Simonis, & Judae in Monte Jordano.
Huml.

D O M
ANGELO TEMPESTINO
FIRMANO
SPECTATAE RELIGIONIS
VIRO
ET OB MORVM SVAVITATE
OMNIBVS CARO
OCTVAGENARIO DEFVNCTO
DIE XI. MAII
AN. MDCVII

TIBVRTIVS IO. BAPTA
ET M. ANT.
PATRI DVLCISSIMO
BENEMERENTI
AC SIBI POSTERISQ
SVIS POSS

3.

S. Laurentii in Damaso.
Huml.

D O M
OVIDIO BENO SANCTO
SEVERINATIO QVI ANNO
SEXAGESIMO SECVNDO
CLIMATERICVM INGRES
SVS DIE V. MAR MDCVIII
OCCVBVIT
PRIAMVS FRATER
ET ANTONIVS OVIDII
FILIVS NON SINE LACRIMIS
POSVERE

SS. SL

4.
SS. Simonis, & Judae in Monte Jordano.
Humi.

D O M
TIBVRTIO TEMPESTINO FIRMANO
ANTIQVAE PROBITATIS VIRO
DIE XVI. AVGVSTI MDCXXIV
EXTINCTO
MARCVS ANT. FRI. ANT. FRAN. ET
ANG. LAVR. PARENTI OPT.
P. C
VIXIT ANN. LXVII

5.
SS. XII. Apostolorum.
Humi.

D. O. M.
IMPERIALI ABVNDIÆ MATRONÆ FANENSI
ET ANNÆ CICERONI ROMANÆ
IO. BAPTISTA PETRI PAVLI CICERONI FIL.
HOC INSEPVLTI DOLORIS MONVMENTVM
PARENTI AC SORORI DILECTISS. POSVIT
VIVENSQ. SIBI ET HÆRED. FIERI CVRAVIT
ANNO SALVTIS M. DC. LIV.

6.
S. Mariae Lauretanae.
Humi.

D. O. M.
DOROTHEÆ MEDICES
VXORI MARCI ANTONII BOVII
CAMERINENSI

CLASSIS XVI.

SVMME HONESTATIS FEMINÆ
CÆSAR CORNELIVS ET
SEPTIMIVS FILII
MATERNI AMORIS
MONVMENTVM
SIBI SVISQ. POSTERIS
SEPVLCRALEM HANC DOMVM
STATVERE
ANNO DNI MDCLIV
NONIS MAII

7.
SS. Trinitatis Peregrinorum.
Humi.

D. O. M.
LEONARDO SEVERO PICENO
CIVI ROMANO
VIRO INTEGERRIMO QVI OB VIRTVTEM
VNIVERSÆ AVLÆ ROMANÆ GRATISSIMVS
POST QVADRAGINTA QVINQVE ANNOS
MONTI PIETATIS IMPENSOS
VT TOTVS PVBLICÆ VTILITATI
INSERVIRET NVLLAM PRIVATÆ REI
RATIONEM HABVIT
OBIIT ANNO AETATIS LXVI
ET MARTÆ DE SANCTO PETRO
MATRI AMATISSIMÆ
QVÆ CONIVGIS VIRTVTEM AEQVAVIT
AETATEM SVPERAVIT
DEFVNCTA ANNO LXXV

INSCRIPT. PICENAE

MICHAEL ANGELVS IOSEPH
ET IO. BAPTISTA FILII
MESTISSIMI POSVERE
ANNO DOM. MDCLXVII

8.

S. Mariae de Oratione, vulgò della Morte.
In pariete.

D. O. M.
BERNARDINO BATTISTI MVSELLARENSI
HVIC ARCHICONFRATERNIT
FRATRI ACCEPTISSIMO
MORVM INTEGRITATE IN PAVPERES MVNIFICENTIA
IN OMNES BENEVOLENTIA AC LIBERALITATE
CONSPICVO
QVI PIE AB HVMANIS EXCESSIT
VIII. KAL. FEBRVAR MDCCXXXVI AETATIS SVAE LXVI
PETRVS ET THOMAS FILII
POSTERIS LAPIDEM HVNC
NE PERIRET PARENTIS OPTIMI MEMORIA
CVM LACRYMIS DEDERVNT

AFFECTVS CONIVGVM
CLASSIS DECIMASEPTIMA.

1.
S. Laurentii in Damaso.
Humi.

D. O. M.
ANTONIO BLADO ASCVLANO TYPOGRAPHIÆ
ROMANÆ INSTAVRATORI ET PER ANNOS XL
TYPOGRAPHO PONTIFICIO VIRO INTEGRITATE
ET IN OMNIBVS SVMME OFFICIOSO. VIXIT
ANN. LXXVII. PAVLA CONIVX ET FILII P. C.

2.
Ibidem.
Humi.

D O M
EMIGDIVS CAVCCIVS
PATRITIVS ASCVLANVS
EX DOMINIS
TAVERNELLARVM PASSVS
INTEGRITATE MORVM
ET EXIMIA ERGA PAVPE. PIETATE
ADMIRANDVS
NATVS ANNO DOMINI
MDXLI
VIXIT ANNOS LIX
FVLVIA EIVS VIDVA RELICTA
DE TVRRIANORVM FAMILIA
ET FILI DOLENTES
POSVERE

Inscript. Pic.   V   *S. Lu.*

INSCRIPT. PICENAE

3.
S. Luciae de Gonfalone.
Humi.

D. O. M.
FRANC.º FIRMANIO NOBILI
FAN. SVMMA VITAE
INNOCENTIA EXIMIA FIDE
ET SINGVLARI HVMANITATE
FRANC.ᴬ EVFREDVTIA VXOR
VIRO AMANTISS.º ET FILIAE
MESTISS. PATRI OPT. POS.
VIXIT ANN. L. OBIIT IIII
KAL. SEPTEM. MDLXX
GLORIA FIRMANE GENTIS
SPLENDORQ DECVSQ HIC
IACET HOC RAPTO EST
TOTA SEPVLTA DOMVS

4.
S. Gregorii in Monte Coelio.
Humi, in atrio.

D. O. M
LAVRAE SETINAE RELIGIONE
AC HONESTATE DECORATAE
QVAE LETHALI MORBO
CONSVMPTA COELESTEM
COELO ANIMAM EIVS
SALVTE PROVISA
TERREVM TERRE
REDDIDIT CORPVS
QVINTO IDVS OCTOB
M. D. LXXII.
AETATIS SVAE XLV

POBLIX COSMVS
TOLENTINAS VXORI
B. M. P.

CLASSIS XVII

5.
S. Hieronymi de Charitate.
Humi.

D. O. M.
PETRVS PAVLVS TECCOSIVS
FABRIANEN. AROMATARIVS
IN VRBE VITA RELIGIONE
MORIBVS VIRTVTE CHARITATE
OMNIBVS EXEMPLARIS
VIXIT ANN. LXXVII. MENS. V.
DIES VIII. OBIIT III. IVLII
ANNO SALVTIS M. D. LXXXXIII.
HORTENSIA OGNON CONIVX
FILIIQVE MOESTISSIMI POSVERE
TVMVLVQ. VIRO ET PATRI
INCOMPARABILIS PIETATIS
ET AMORIS SIBIQ. IPSIS
POSTERISQ. STATVERVNT
DIE XXIV. DECEMB. M. D. LXXXXIII.

6.
S. Honuphrii.
Humi.

D. O. M.
LAVRAE SIMONETTAE
DE CINGVLO
EXIMIÆ PROBITATIS
ET FORMÆ FOEMINÆ
TVM GENERE HONESTISS.
IO. FRANC. BAVERIVS
SENOGALLIENSIS
VIR MOESTISSIMVS
OPTATISS. VXORI P.
OBIIT DIE XV. IVNII
MDC
AETATIS SVÆ AN. XXI
V.

INSCRIPT. PICENAE

7.
S. Mariae Lauretanae.
Humi.

D. O. M.
ANTONIVS RADICHETTVS SARA
VALLEN. CAMERINEN. DIOC. CIVIS
ROMANVS ADHVC VIVENS HOC
SEPVLCHRVM IN QVO CATHARINA
GALLINA EIVS PRIMA VXOR CVM
QVINQVE FILIIS IACET
PRO SE IO. MARIA FRATRE ET
SVCCESSORIBVS FACIENDVM
CVRAVIT CIƆIƆCXV. NONIS
FEBRVARII

8.
S. Mariae de Aracoeli.
Humi.

D O M
QVI IACE BARTOLOMEO DE
PAOLVCCI DE CAMERINO
SPEZIALE DILIGENTISSIMO
VISSE ANNI LIV
MORI° NEL MDCXXVIII
ALLI XXIX. DI FEBRARO
MARTHA ROMANA
CONSORTE · DOLENTE
PER GRATITVDINE DELLA
BONA COMPAGNIA E
BENEFITII RICEVVTI LI FA
FARE QVESTA
MEMORIA

CLASSIS XVII.

9.
In templo Farnesiano.
Humi.

D. O. M.
ANTONIO CICCOLINO
MACERATENSI PATRITIO
VIRO SPECTATAE PIETATIS MODERATIONIS PRVDENTIAE
ALEXANDER CICCOLINVS FILIVS
FRAN.^{CVS} M.^{A} FRATER FRANCISCA SILVESTRIA EX MONTE ALTO
SIXTI V. PONT. OPT. MAX.
EX CONSOBRINA PRONEPTIS VXOR
HOC AMORIS ET DOLORIS MONVMENTVM BENEMERENTI
IPSE ET VNIVERSA FAMILIA PONI CVRARVNT
ANNO SALVTIS CIƆIƆCXXXI
VIXIT ANNOS LXIX. OBIIT ROMAE ANNO SALVTIS CIƆIƆCXXIX
VII. KAL. MAY

10.
S. Francisci ad Ripam.
Humi.

TOTA DIE VIGILABO SICVT PASSER
SOLITARIVS IN TECTO
MARIA ANGELA DE CALISTIS E MONTE
GEORGIO MVLIER AMORE CONIVGALI
VITÆ HONESTATE MORVM
CANDORE ET SOBOLIS FOECVNDITATE
SPECTABILIS
HIC CINERES TERRÆ CÆLO
MELIOREM PARTEM DONAVIT
XXXI MARTII MDCXLII
IOANNES ANTONIVS PASSARVS
GEORGINVS
VXORI DILECTISSIMAE
POSVIT

INSCRIPT. PICENAE

11.

S. Laurentii in Damaso.

Humi.

D O M
SILVIO CAVCCIO PATRITIO ASCVLAN
PIETATE DOCTRINA PRVDENTIA MORIB
✠ FIDEQ CONIVGALI INSIGNI
SERENA EX NOB. GABRIELLI FAMILIA
VIRO AMANTIS. OPTIMEQ. DE SE MERITO
PERENNE MVTVI AMORIS MONVMENTVM
MVLTIS CVM LACRYMIS POS
ANNO DNI MDCXXXXIX

12.

In templo Farnesiano.

Humi.

D. O. M.
ALEXANDER . ANTONJ . CICCOLINI . FILIVS
IACOBAE . SILENTIAE . VIR
VT . CONIVGES
PACATO . SEMPER . IVNCTI . THALAMO
AD . AETERNAM . REQVIEM . SOCIARENTVR
ET . TVMVLO . ET . ILLI . EXTINCTAE
ET . SIBI . CVM . MOERORE . SVPERSTITI
VIVENS . POSVIT
ANNO . SALVTIS . CIƆ IƆ CLV

CLASSIS XVII.

13.
Ibidem.
Humi.

D. O. M.
IACOBA . THEODORI . SILENZI . FIL.
ALEXANDRI . CIOCOLINI . VXOR
MODESTIA . PRVDENTIA . PIETATE
ORNATISSIMA
POSTQVAM . SVO . CVM . VIRO
TRIGINTA . TRES . ANNOS
DVLCISSIMA . SEMPER . CHARITATE
CONVIXIT
ACERBVM . ILLI . DESIDERIVM
SVI . RELIQVIT
EXTINCTA . AETATIS . SVAE . ANNO . LI.
SALVTIS . CIƆ IƆ CLV.

14.
S. Bartholomaei in Insula.
Humi.

PETRO BENCI ANCONITANO
QVI MORTALITATEM SVAM
VSQVE AD RESVRRECTIONEM.
EXVIT III. IDVS OCTOBRIS
ANNO POSTQVAM VIRGO MATER
PEPERIT HOMINEM MDCLXIX.
ÆTATIS SVÆ LVI.
MAGDALENA EIVS VXOR
ANTONIVS FILIVS AC EIVS SOROR
SIBI SVISQVE POSTERIS M. P.

MILLE MODIS MORIMVR MORTALES NASCIMVR VNO
SVNT HOMINI MORTES MILLE SED VNA SALVS

S. Ve-

15.
SS. Venantii, & Anſovini.
Homi.

D. O. M.
PROSPER CIMARA CAMERS
HVIVS SODALITATIS
SS. VENANTII ET ANSOVINI
INTER ALIOS FVNDATOR
ET ANNA FERRARIA VXOR
VT MORTIS MEMORES
PIÆ VIVENTIVM MEMORIÆ
EORVM NOMEN POST MORTEM
FVNEBRI TITVLO COMENDARENT
SIBI POSTERISQVE SVIS
MONVMENTVM PARARVNT
AN. SAL. M.D.C.LXXVI

16.
Ibidem.
Homi.

D. O. M.
PETRO PAVLO BRVNIO CAMERTI
CONIVGI CARISSIMO
QVI POST PRÆCIPVAM OPERAM
INTER ALIOS COLLATAM
EXCITANDO SODALITIO
SS. VENANTII ET ANSOVINI
PIETATE ET RELIGIONE EXIMIVS
OBIIT DIE XI. IANV. MDCLXXVI
ÆTATIS SVÆ AN. XXXX
LAVRA EIVS VXOR
SIBI HÆREDIBVS M. P.

CLASSIS XVII.

17.

S. Mariae de Scala.

Hemi.

D. O. M.
LAVR.^{VS} CAMERATA COMES MOSTIOLI
NOBILIS ANCONIT.^{S} ET EQVES ROM.^{S}
VIRTVTVM PRESTANTIA NOBILIOR
HOC SIBI SEPVLCRVM VIVENS ELEGIT
E VIVIS EREPTO
ANNO DNI MDCXCII ÆTATIS SVÆ 74 (sic)
COMITISSA PORTIA LEONINI VXOR
ET COMES PHILIPPVS FILIVS
MÆRENTES
AMORIS ET VOTI CONSCY
EXEQVI CVRARVNT

18.

SS. Venantii & Anſovini.

Hemi.

D. O. M.
AMICO MINELLIO FIRMANO
HELENA CONIVX
ET
· IOANNES FILIVS
VIRO ET PATRI OPTIME MERITO
SIBI SVISQVE
VIVENTES PP.
OBIIT XVIII. APRILIS
·ÆTATIS SVAE ANNORVM LXXIV
ANNO DOMINI MDCCXVII

19.
S. Francisci de Paula.
Hewi.

D. O. M.
ANTONIVS NARICIVS
NOBILIS ROMANVS
AC SI SEPVLCRVM
IN VEN. ECCL. SOC. IESV
GENTILITIVM HABEAT
TERTII ORDINIS HONORE
ADHVC VIVENS ADSCRIPTVS
CATARINAE CORBELLAE
NOB. FANEN.
VXORI SVAE PRAEDEFVNCTAE
EIVSDEM ORDINIS
PRO SE
ET QVIBVS SIBI PLACVERIT
AMORE ET PIETATE
ERGA
S. FRANCVM DE PAVLA
MOTVS
SACELLVM HOC
FIERI CVRAVIT
ANNO SALVTIS MDCCXLII
QVI LEGIS ATTENDE
HIC EXPECTAMVS
RESVRRECTIONEM .

CLASSIS XVIII.
PROPINQVORVM,
ET AMICORVM
CLASSIS DECIMAOCTAVA.

I.

S. Juliani in Banchi.

Humi.

NICOLAO RVTILONO
AGAMENONIS FILIO
TOLENTINO IN PICENO
ORIVNDO
ARTEMISIA RVTILONA
EX FRATRE NEPTIS
PATRVO BENEMERENTI
MOESTISS. POS.
VIXIT ANNOS LXV MENS.
III. DIES VIII. OBIIT V. ID.
APRILIS ANNO SALVTIS
M. D. LXXXV

II.

S. Mariae in Vallicella.

Humi in gyro orbicularis lapidis.

VINC.⁰ CASTRACANIO IACOBOQ. NEPOTI FANEN. Q. OBIERE A.
MDXC

INSCRIPT. PICENAE

3.

S. Salvatoris de Cupellis.

Humi.

ANNIBALI LAZZARINO
MACERATEN. VIRO FRVGI
ET AMICO OPT. OCTAVIVS
FORZINVS POS.
A. D. MDCXIX

4.

S. Mariae in Via.

Humi.

D. O. M.
BENEDICTVS . GHIRACCINVS . CALLIENSIS
CIVIS . ROMANVS . VIXIT . ANNOS . SEXAGIN
OBIIT . DIE . XXIII. MENS. SEPTEMBRIS . MDCXX
ANTONIVS . ET . PELEGRINVS . FRATRES
D. PLEGRINIS . HEREDES . TESTAMENTARI . B. M.
POSVERVNT . IN . QVO . TVMVLO . ETIA . IPSI . ET
BORVM . CONSANGVINEI . HVMARI . VOLVERVNT

5.

S. Mariae de Aracoeli.

Humi.

D. O. M.
QVEM . LEGIS . IN . MARMORE
HIC . SITVS . EST . IN . PVLVERE
FEDERICVS . CAMERINVS
EX . TESTAMENTO . HAERES
FRATRI . OPTIMO

CLASSIS XVIII.

ET . DE . SE . BENEMERITO
GRATI . ANIMI
MONVMENTVM . POSVIT
A. DOM. MDCLXXIII

6.
SS. Silveſtri , & Martini ad Montes.
Heui.

D . O . M'.
CAROLO . FIRMANO . MACERATENSI
LENISSIMÆ . CONSVETVDINIS . IVVENI
OB . MOR$\overline{V}$. SVAVITATEM . OMNIBVS . AMABILI
QVI . PATRVVM . INVISVRVS
ROMAM . VENIENS
LENTA . FEBRI . CORRIPITVR . ET . EXTINGVITVR
VT . COELO . PROPIOR . FIAT
IN . HOC . COENOBIO
ANNOS . NATVS . XXVII. VIVERE . DESIIT
XXVI. AVGVSTI . MDCCXXXVIII
IOANNES . FANCISCVS (&c) . FIRMANVS
NEPOTI . DESIDERATISSIMO
ANTIQVÆ . GENTIS . SVÆ . POSTREMO
IMMATVRE . PRÆREPTO
LVGENS . ET . MOERENS . P. P.

7.
SS. Simonis , & Judae in Monte Jordano.
Heui.

D V T
PRVDENTIAE . MADES . NOB. RO. IO. FIL
QVAE . PETRO . SANCTIO . PLODIS . NOB. AVXIM.
VIRO.

INSCRIPT. PICENAE

VIRO . VITA . FVNCTO
BONA . SIBI . A . DEO . LARGITA . DEO
CON . SANGVINEIS . BENE . DE . SE . MERITIS
AC . PAVPERIBVS . RESTITVTA
HIC . SIBI . SEPVLCHRVM . ELEGIT
ET . AD . DEVM . QVEM . PIE . COLVIT
EVOLAVIT . DIE . II. FEB. M.D.CXLV
SVAE . AETATIS . ANNO . LVI
HANIBAL . CEVLVS . EX . SORORE . NEPOS
TES. TAMENT. HAERES. PONI . CVRAVIT

8.

SS. XII. Apostolorum.
In claustri pariete.

D. O. M.

FRAN.CO ADRIANO DE S.TO
SEVERINO PROE MARCHE
IN ECCLIA LATERANENSI
MVSICES PREFECTO AC
RELIGIONIS STVDIOSISS.O
AMICI MERT. AMORIS GRA
POS. QVI DVM XXXVI. ANN
AGERET EXPECTATA MORTE
SECVRO AC TRANQVILLO
ANIMO SVSCIPIES AD
ETERNA VITA EVOLAVIT

CLASSIS XIX.

EORVM
QVI SIBI IPSIS POSVERVNT
CLASSIS DECIMANONA.

1.

S. Romualdi ad Longariam.
In pariete.

D. O. M.
ROMVALDVS ET
LEONARDVS
FRES POSTREMI
EX ANTIQVA FAM.
DE SANCTIS
FABRIANI CIVES

MORTIS MEMORES
HOC SIBI MONVM.
VIVENTES PP
KAL. MAII
MDCXXXIII

2.

Ibidem.
Sepulcrum cum imagine duplici.

D. O. M.
HOC MIHI QVOD SPECTAS DELEGI IN MORTE
SEPVLCHRVM
QVO TANDEM VIVO SIT MIHI VERA QVIES

INSCRIPT. PICENAE

HEV MISERA HAEC VITA EST MORS
EST VNICA VITA
VIVENTES MORIMVR VITAQ. MORTE DATVR
LEONARDVS SANCTI FABRIANEN.
CIVIS ROMAN.
ANNO SALVTIS MDCLVIII
P.

3.
SS. Venantii & Anfovini.
Hami.

D. O. M.
AVRORA MILANA DE LAVRO
LXXVIII ANNIS NATA
QVIESCIT HIC POSTREMÆ
SONITVM TVBÆ ET
PIAS INTERIM LECTORIS
AD DEVM PRECES
EXPECTANS DIE XV MARTII
ANNO IVBILEI M. DC. LXXV

4.
S. Gregorii ad Pontem Coeftium.
Hami.

D. O. M.
HIC IACENT OSSA
FRANCISCI VENTVRÆ
ET
SANCTÆ IVLIANI
A MONTE GALLO
M. P. AN. MDCCVIII.
ORATE PRO EO

CLASSIS XIX.

5.
S. Mariae in Monticellis.
Humi.

D. O. M.
HIERONYMVS
DE NOBILI COMITVM OTHONVM FAMILIA
MORTALITATIS SVAE MEMOR
HIC
SIBI VIVENS
MONVMENTVM POSVIT
ANNO SAL. MDCCXVII

6.
S. Mariae de Aracoeli.
Humi.

CHI IACE PE
ÑA DE IVLIANO
DE MONTE GENTIL
E

7.
S. Mariae de Horto.
Humi.

SEVERINO DE FERALDO DE SANTO SIVE
RINO VIXIT ANNI XXVIII. OBIIT XVI
MAII M. D. XXVII

APPENDIX
INSCRIPTIONUM PRAETERMISSARUM.

AD CLASSEM PRIMAM.

NICOLAI IIII.

I.

In coenobio SS. XII. Apostolorum.
In pariete cum imagine depicta.

NICOLAVS . IV. PICENVS . P. M.
ORD. MIN. CONV. PHILOSOPHVS . AC
THEOLOGVS . EGREGIVS . QVI . GRÆC^{OS}
AD . COMMVNIONEM . TARTAROS . AD
FIDEM . REDVXIT . IVSTITIÆ . ET
RELIGIONIS . CVLTOR . ADMIRABILIS
CREATVS . A. D. M. CC. LXXXVIII.

XYSTI V.

2.

In Vaticano.
In aula Constantini.

SIXTVS . V. PONT. MAX.
AVLAM . CONSTANTINIANAM . SVMMIS . PONTT.
LEONE . X. ET . CLEMENTE . VII. PICTVRIS . EXORNATAM
ET . POSTEA . COLLABENTEM . A GREGORIO . XIII. PONT. MAX.
INSTAVRARI . COEPTAM . PRO . LOCI . DIGNITATE . ABSOLVIT
ANNO . PONTIFICATVS . SVI . PRIMO .

APPENDIX.

Ad obeliscum Vaticanum.

3.
In basi ad Meridiem.

SIXTVS V. PONT. MAX.
OBELISCVM VATICANVM
DIIS GENTIVM
IMPIO CVLTV DICATVM
AD APOSTOLORVM LIMINA
OPEROSO LABORE TRANSTVLIT
AN.^{NO} MDLXXXVI. PONT. II.

4.
Ad Orientem.

ECCE CRVX DOMINI
FVGITE
PARTES ADVERSAE
VICIT LEO
DE TRIBV IVDA

5.
Ibidem.
Ad Septentrionem.

SIXTVS V. PONT. MAX.
CRVCI INVICTAE
OBELISCVM VATICANVM
AB IMPVRA SVPERSTITIONE
EXPIATVM IVSTIVS
AC FELICIVS CONSECRAVIT
AN.^{NO} MDLXXXVI. PONT. II.

6.
Ibidem.
Ad Occidentem.

CHRISTVS VINCIT
CHRISTVS REGNAT
CHRISTVS IMPERAT
CHRISTVS AB OMNI MALO
PLEBEM SVAM DEFENDAT

7.
Ibidem.
In basi Inferiori.

DOMINICVS FONTANA EX PAGO MILI
AGRI NOVOCOMENSIS TRANSTVLIT
ET EREXIT

8.
Ibidem.
In fastigio basilicam versus.
SANCTISSIMAE CRVCI
SIXTVS V. PONT. MAX.
CONSECRAVIT
E PRIORE SEDE
AVVLSVM
ET CAESS. AVGG. AC TIB.
I. L. ABLATVM
M. D. LXXXVI.

APPENDIX.

9.
In Vaticano palatio.
In sacello Gregoriano.

SIXTVS V. PONT. MAX.
SACELLO GREGORIANO QVO ANNIVERSARIA
COENE DOMINI DIE A SVM. PONT. SACRO
SANCTA EVCHARISTIA MORE SOLEMNI
REPONITVR , COETERISQVE PONTIFICVM
COMMODITATIBVS SCALAS INTERIORES
CVM VESTIBVLO CONSTRVXIT PICTVRISQVE
EXORNAVIT ANNO SVI PONTIFICATVS
SECVNDO.

10.
In bibliotheca Vaticana.
Ad Meridiem in exteriori pariete.

SIXTVS V. PONT. MAX.
BIBLIOTHECAM
AEDIFICAVIT
PORTICVS
CONIVNXIT
M. D. LXXXVIII. PONT. III.

11.
In aedibus hofpitalis S. Spiritus in Saxia.
Ad montis radices.

IVSSV OPTIMI PRINCIPIS SIXTI V. P. M. VRBEM
ROMAM PASSIM MAGNIFICENTISSIMIS
OPERIBVS EXORNANTIS
RVPEM MONTIS S. SPVS IN VIAM PVBLICAM RVENTEM

SAXIS

APPENDIX.

SAXIS TERRA COENO REPLENTEM FVNDAMENTIS ANTE
A IO. BAPTISTA RVINO BONONIEN.
PRAECEPTORE IACTIS
ANT. MELIORIVS PICENVS EPVS S. MARCI SVCCESSOR MVRO
FIRMISSIMO FVLSIT MVNIVIT AEDIFICIIS ORNAVIT
M. D. LXXXVIII.

12.
S. Johannis in Laterano.
Supra palatii januam.
Ad Septentrionem.

SIXTVS V.
PONT. MAX.
ANNO IIII.

13.
Ibidem.

Ad Occidentem.

SIXTVS V.
PONT. MAX.
ANNO IIII.

14.
In basilica Vaticana.
In hemisphaerio.

S. PETRI . GLORIAE . SIXTVS . PP. V. A. M. D. XC. PONTIF.

15.
In Vaticano.

TYPOGRAPHIA VATICANA DIVINO CONSILIO
A SIXTO V. PONT. MAX. INSTITVTA
AD SS. PATRVM OPERA RESTITVENDA
CATHOLICAMQVE RELIGIONEM
TOTO TERRARVM ORBE PROPAGANDAM

APPENDIX.

16.

In fronte aedium Nobb. Frangipaniorum.
In hortis Viminalibus.

SIXTO V. PONT. MAX
OB COLLATA
IN SE BENEFICIA
HORTOSQ. VIMINALES
AVCTOS
MARTIVS FRANGIPANIVS
GRATI ANIMI ERGO

AD CLASSEM SECUNDAM.

17.

In aedibus Othobonianis.
Ad S. Laurentium in Lucina.

EVANGELISTA PALLOTTVS
TT. S. LAVRENTII IN LVCINA
PRESB. CARD. CVSENT. HAS
AEDES CONSTRVI ET IN
HANC FORMAM REDIGI
SVO AERE CVRAVIT
A. D. MDCX

18.

SS. Angelorum Custodum.
In pariete.

IO. BAPTÆ PALLOTTO ET OCTAVIANO RAGGIO
S. R. E. CARD.
QVI
CVSTODES ANGELOS VENERANTES

APPENDIX.

MILLE PRIMVS SECVNDVS TERCENTA
VT NOVVM IPSIS IAM LABENS TEMPLVM
CONSTRVATVR
PIISSIME RELIQVERVNT
ARCHICONF. GRATI ANIMI MONIMEN.
POSVIT
ANNO D. MDCLXXVI

19.
S. Josephi, vulgò a Capo le Case.
Haud.

D. T. V
ANGELÆ MARGARITÆ DE GENTILIBVS
COMITISSÆ MITI
NOBILI ROMANÆ
CONSTANTI COMIQVE
FOEMINÆ
EGREGIIS ANIMI CORPORISQVE DOTIBVS
CVMVLATÆ
MORTE A MENTIS TRANQVILLITATE
QVA IERE SEPTENI LVSTRI SPATIO VIXERAT
OBEVNTI
ANTONIVS XAVERIVS VTR. SIGN. REF.
ET PHILIPPVS GERMANI FRATRES
SORORI LECTISSIMÆ
VBERRIMIS LACRYMIS
P. F.
CESSIT E VIVIS XIX. KAL. IANVARII
ANNO A PARTV VIRGINIS CIƆIƆCCXIII

20.
SS. Trinitatis in Via Flaminia.
In pariete.

ANNO SALVTIS MDCCXLI
BENEDICTO XIV. P. O. M.

APPENDIX.

PHILIPPO V. HISPANIARVM REGE
ANTONIVS S. R. E. PRESB.
CARD. DE GENTILIBVS
ORDINIS PROTECTOR
DIE XXIX. SEPTEMB.
PRIMVM DEMISIT LAPIDEM
PROVINCIAE CASTELLAE PP.
FVNDATIONEM OBEVNTIBVS
D. FR. DIDACI MORCILLO LIMANI
ARCHIEPISCOPI ET PROREGIS
EIVSDEM PROVINCIAE ALVMNI
AVSPICIO ET SVMPTIBVS

21.

In ecclesia archiconfraternitatis S. Spiritus in Saxia.
In exteriori fronte.

ARCHICONFRATERNITATI
S. SPIRITVS . IN . SAXIA
A . FEL. REC. INNOCENTIO . III. AN. MCXCVIII. ERECTAE
AB . EVGENIO . ET . SIXTO . IV. ADPROBATAE
SVMMIS . ET . PIIS . VIRIS . ADSCRIPTIS
VETVSTA . AEDE . AVCTO . NOSOCOMII . AEDIFICIO . DIRVTA
BENEDICTVS . XIV. PONT. MAX.
OPERAM . DANTIBVS
ANTONIO . XAV. S. R. E. CARD. GENTILI . VISITATORE . APOST.
ANTONIO . M. PALLAVICINO . PAT. ANTIOCHENO . PRAECEPTORE
ARCHICONFRATERNITATIS . PRIMICERIO
AMPLIOREM . HANC . DEIPARAE . AB . ANGELO . SALVTATAE
SACRAM
AERE . PLVRIMO . A . FVND. RESTITVIT . AN. SAL. M.D.CC.XL.V.I.
PONT. VI.

APPENDIX.

22.

S. Spiritus in Saxia.
In pariete.

PRO
PIISSIMO ET MVNIFICENTISSIMO PRINCIPE
BENEDICTO XIV. PONT. MAX.
OB NOSOCOMIVM S. SPIRITVS
REPARATVM AMPLIFICATVMQVE
ET OB INGENTEM PECVNIAM
IN ÆS ALIENVM DISSOLVENDVM
CONTINVATA CLEMENTIS XII. LARGITIONE
LIBERALITER EROGATAM
ANNVVM SOLEMNE SACRVM DECREVERVNT
A. CARDINALIS GENTILI VISIT. APOST.
A. M. PATRIARCHA ANTIOCH. PRÆCEPTOR
A. D. MDCCXLVIII

23.

SS. Venantii, & Arisovini,
Huml.

D. O. M.
ANTONIO XAVERIO S. R. E. CARDINALI GENTILI
EPISCOPO PRÆNESTINO
GENERE CAMERTI, PATRIA ROMANO
PRVDENTIA, DOCTRINA, PIETATE EXIMIO

APPENDIX,

CONSTANTIA MARCHIONISSA GIORI SPARAPANI
AVVNCVLO OPTIME MERITO
POSVIT
VIXIT ANN. LXXIII. DECESS. XIIL MARTII
ANNO DOMINI MDCCLIII

24.

S. Chryfogoni.

Sepulcrum cum imagine ex anaglypho.

Adfcriptus eft ordini nobilium Anconitanorum una fimul cum familia, qua cum ipfe adhuc in vivis effet domicilium Anconae conftituit.

D. O. M.

IOANNI IACOBO MILLO
CASALENSI
EX MARCHIONIBVS ALTARIS
RELIGIONE CANDORE MORVMQVE
INTEGRITATE SPECTABILI
QVI
A BENEDICTO XIV. PONT. MAXIMO
IVDEX SACRARVM COGNITIONVM
MOX DATARIVS
DEMVM S. R. E. PRESBYTER CARDINALIS
TIT. S. CHRYSOG. RENVNCIATVS
ET SACRÆ CONGREGATIONIS
PVRPVRATORVM PATRVM TRID. CONC.

APPENDIX.

INTERPRETVM
PRÆFECTVRA AVCTVS
XIII. KAL. DECEMBRIS ANNO MDCCLVII
REPENTE OBIIT ÆTAT. SVÆ AN. LXIII
MARCHIO FRANCISCVS CAROLVS MILLO
PATRVO BENEMERENTI
POSVIT

AD CLASSEM TERTIAM.

§.

S. Honuphrii.

Hami.

D. O. M.

FRANCISCI SPERVLÆ CAMBR. OB INSIGNEM
LITERARVM PĪTIAM VITÆ MORVMQVE
INTEGRITATEM VARIIS TERRARV̄ PRINCIPI
BVS GRATIOSVS AC DEMV̄ A CLEMENTE
VII. PONT. MAX. AD S. LEONIS EPISCOPA
TVM EVECTI TEMPORARIVM DEPOSITVM
VIX. ANNOS LXVIII. OBIIT PRIDIE IDVS
IVLII

APPENDIX.
AD CLASSEM QUINTAM.

26.

S. Anastasiae.

Humi.

D. O. M.
HIC IACENT OSSA CAROLI FRANCISCI
ADVOCATI DE LVCA MATELICENSIS
HVIVS BASILICÆ CANONICI
OBIIT DIE XII. DECEMBRIS MDCCXLI

27.

Inter ecclesias S. Mariae Consolationis,
& S. Johannis Decollati.

Apud quadratarium.

D. O. M.
ANTONIO TRANQVILLO PICENO
HVIVS S. BASILICÆ CAPPELLANO DE ANGELIS
EIVSQVE SACRARY OECONOMO
MORVM SVAVITATE
FIDELITATE AC INDVSTRIA OMNIBVS CARO
E VIVIS EREPTO
HIC IMMORTALITATEM EXPECTAT
OBYT XVII. KAL IVNY MDCXCIII.
ÆTAT. XXXXVIII.

APPENDIX.
AD CLASSEM OCTAVAM.

28.

S. Salvatoris in Lauro.

Sepulcrum cum imagine ex anaglypho.

D. O. M.
IOSEPH CAMILLVS DE VALENTINIS I. V. D.
AVXIMANVS VIXIT ANNOS LXXIX,
MENSEM VNVM OBYT DIE XVIII
APRILIS MDCCLVII.

AD CLASSEM DECIMAMTERTIAM.

29.

S. Salvatoris in Lauro.

Humi.

D. O. M.
ORATOR VALES PICTOR PROBITATE FIDEQVE
INSIGNIS IOSEPH GHEZZIVS HIC SITVS EST
VIXIT ANNOS LXXXVII DIES IV
OBIIT IV ID. NOVEMBRIS ANNO DÑI MDCCXXI
ABBAS PLACIDVS EVSTACHIVS ET EQVES PETRVS LEO
FILII MOESTISSIMI
PARENTI OPTIMO POSVERVNT

30.

Ibidem.

SEPVLCRVM
FAMILIAE
GHEZZIAE

APPENDIX.
AD CLASSEM DECIMAMOCTAVAM.

31.
S. Mariae supra Minervam.
Hemi.

D. O. M.
IVLIA EX FVLVIA FILIA
NEPTI AETATIS SVAE
SEPTIMO DECEDENTI
GRANDONIVS MARCELLIVS
MATTLIC'S ET ALEXANDRA
FORIS ROMANA CONIVGIS
PRL . . . . AMORI
. . . .
. . . .
MOESTISSIME POSVERVNT
ANNO DOMINI
MDLXX

INDEX
GENERALIS ALPHABETICUS.

A

Abadi. Anna *Gherrai*. Imperialis XVI. 5.
Abati. Annibal card. V. 16. Clemens XI. pont. max. quem vide.
Aberial. Anna Magdalena *Severini* VIII. 14.
Abiai. Virginia *de Spesialis* XIV. 10.
Aldobrandini. Clemens VIII. pont. max. quem vide. Hippolytus card. I. 69. Petrus card. IX. 4.
Adouroudi. Theseus III. 8.
Almensel. Nicolaus IV. 9.
Alliati. Johannes Franciscus V. 4.
Alterius de. Clemens X. pont. max. quem vide. Johannes Baptista card. XIV. 15. Paululus card. XI. 15.
Atabelli. Julius XI. 5.
Aulercia de. Familias *Saldini*, Horatius, Marianus, Silvius IX. 5.
Amedei. N. VIII. 5.
Antonini. Jacobus, Marius episcopus III. 16.
Antonucci. Johannes Antonius XIV. 13.
Arberini. Andreas I. 21.
Arcucci. Camillus VI. 2.
Arditiis de. Hippolytus V. 9.
Avis de. Joseph V. 18.
Azzolini. Carolus episcopus I. 50. III. 21. Decius cardinalis I. 21. II. 5. 4. Decius junior cardinalis I. 50. II. 21. 22. III. 22. Decius III. 11.
S. Alexander P. & M. I. 20.
Alexander VI. pont. III. 4.
Alexander VII. pont. I. 50. II. 10.
Alexander VIII. pont. IV. 7.
Alexander Magnus I. 51. 53. 54.
S. Andreas apostolus II. 7.
Antoninus Pius imperat. I. 55.
Antonius card. III. 4.
Antonius XI. 20.
Augustus Caesar I. 26. 59. App. 8.
Aurelius Antoninus Imp. I. 55.
Austriaca domus I. 69.

B

Badifoul. Catharina Francisca *Severini* VIII. 14.
Balestra. Laura *Mattheucci* XVI. 6.
Balistrieri. Hortensius, Hortensius junior V. 13.
Baldini. Johannes Jacobus XII. 5.
Ballioni. Cajetanus *Guglielmi*, Nicolaus IX. 19.
Barberini. Franciscus card. XI. 11. Maphaeus card. I. 71. XI. 8. Urbanus VIII. pont. max. quem vide.
Barbo. Paulus II. pont. max. quem vide.
Bardi. Sanctes IX. 4.
Baronius. Caesar card. I. 50.
Bartoli. Camillus XIV. 10.
Bastifi. Bernardinus, Petrus, Thomas XVI. 10.
Beveri. Johannes Franciscus, Laura *Simonetti* XVII. 6.
Bellis de. Hieronymus XIV. 4.
Belorbi. Patrignanus XIV. 5.
Benci. Antonius, Magdalena, Petrus XVII. 14.
Benevenuti. Jacobus, Romulus VIII. 6.
Benedictis de. Carolus, Nicolaus, Roccus Clemens XIV. 7.
Beni. Antonina, Ovidius, Pelaeus XVI. 5.
Benigni. Bernabeus V. 10. XIV. 15. Franciscus X. 5.
Berardi. Joseph. Laudomia *de Guidonibus* XV. 2.
Bergamini. Aurifilla X. 5.
Bernardinelli. Cosmus, Ursula *Marrotti* XII. 6.
Bini. Sebastianus IX. 4.
Biodi. Antonius, Paula XVII. 7.
Bonarelli. Nicolaus XI. 9.

Beati-

Bonelli. N. card. XI. 4. Raphael episcopus L. 01.
Boncompagni. Gregorius XIII. pont. max. quem vide. Ugo card. I. 45.
Bonimonti. Leander. Pilaius XI. 10.
Bonipetri. Joseph XI. 1.
Borboni. Catharina Ferretti IX. 10.
Borgia. Alexander VI. pont. max. quem vide.
Botti. Cherubina Feuti X. 9.
Bovils de. Caefar. Cornelius. Dorothea Meliss XVI. 4. Guido II. 14. Marcus Antonius. Septimius XVI. 4.
Brancadori. Lucas V. 14.
Brancaleoni. Antonia. Lucienus XIV. 5.
Bruni. Laura XVII. 14. Petrus Paulus ibidem & XIV. 19.
Bubali de Cancellariis. Christophorus L 21. Octavius L 30.
Buffi. Constantia. Franciscus Julius V. 1.
Burghefis de. Paulus V. pont. max. quem vide. Scipio card. X. 5 XII. 5.
Bufontoni. Faustinus IX. 1.
S. *Barbara* V. & M. IX. 4.
Benedictus XIII. pont. max. II. 26.
Benedictus XIV. pont. max. App. 10. II. 12. 14.
S. *Bernardus* abbas L 21.
S. *Bibiana* V. & M. ibidem.
S. *Blafius* mart. III. L.
S. *Bonaventura* card. L 4.
Bonifacius IX. pont. max. VII. 1.

C

CAderivilleni. Franciscus XI. 12.
Caesarini. Alexander card. L.8.
Cajetani. Henricus card. L 21. Nicolaus card. XI. 5.
Cojoli. N. XIV. 8.
Califis de. Maria Angela *Poferi* XVII. 10.
Camerini. Alexander. Juniperus X. 4. Familia XIV. 21.
Campani. Antonius Maria. Cinus. Henricus. Johannes Baptista IV. 3.
Canuti. Andreas III. 2.

Capifucchi. Johannes Antonius card. XI. 4.
Copiteferreo de. Dominikus L 41.
Coppetta. Dominicus. Philippus. Libertius IV. 2.
Copponi. Americus IX. 4.
Capronica. Dominikus L 10.
Caracci. Annibal XIII. 3.
Cordorcidi. Philippus XIV. 2.
Caro. Annibal. Fabius. Johannes. Johannes Baptista IX. L
*Carpini-*Leonardus. Lucianus IV. 10.
Cacoderilis de. Pompejus L 61.
Caufori. Horatius IX. 4.
Cafoi. Petrus II. 5.
Caftrucci. Johannes Baptista card. II. 3.
Cauoci. Enigidius. Fulvia *Terrieni* XVII. 1. Jacobus Antonius. Johannes Baptista VII. 5. Michael V. 11. Serena *Gabrielli*. Silvius XVII. 11.
Ceaffi de. Julianus VI. 2.
Cecobetti. Barnabus V. 2.
Cefauoi. Franciscus. Olympia *Mercelli*. Sebastianus XV. 2.
Celfi. Hortenfius I. 10.
Chifii de. Alexander VII. pont. max. II. 10.
Chicola. Johannes Stephanus IX. 4.
Ciavatti. Franciscus IX. 4.
Cibo. Innocentius VIII. pont. max. quem vide.
Ciccreni. Anna *Abauti*. Johannes Baptista. Petrus Paulus XVI. 5.
Cicerdini. Alexander XVII. 9. 13. Antonius XVII. 9. IX. 2. Bernardinus *Pelicani* IX. 2. Francifca *Silveftri*. Franciscus Maria XVII. 9. Jacoba *Silvetris* XVII. 11. Joseph Ludovicus. Margarita. Vigoria *Tordini* IX. 2.
Cima. Prosdicinus VII. 1. Johannes Baptista. Manus. Manus junior. Petrus Antonius X. 2. Petrus Jacobus VII. 2. X. 3.
Cimarro. Anna *Ferrerio* XVII. 15. Prosper ibidem & XIV. 19.
Cinquo de. Johannes Paulus V.
Cirquini. Cartius L 21.
Cioilli. Caecilia V. 21.
Coccia. Horatius V. 21.

Colicis

ALPHABETICUS.

Colicis de . Nicolaus L. 11.
Colini . Franciscus VIII. 17.
Colonna . Jacobus card. Petrus card. L. 5. M. Antonius IX. 2.
Comitibus de . Innocentii III. & XIII. pontiff. max. quos vide , N. XIV. 18.
Cona . Dominicus IX. 4.
Contrera . Camillus L. 21.
Corradi Johannes Dominicus VIII. 10.
Corradini . Antonius VIII. 11.
Corsini . Clemens XII. pont. max. quem vide.
Cosmi . Foelix . Laura Sesia XVII. 4.
Crescimbeni . Johannes Marius V. 16. 17.
Crucial . Camillus L. 170.
Cujani . Augustinus card. L. 40.
Caesar Augustus L.40.
S. Caius P. & M. L. 48.
Calaurauae milites IX. 10.
Carolus Siciliae rex II. 28.
Carolus V. imper. II. 2. X. 6.
S. Catharina Senen. II. 7.
Cherubinus Ferrariensis III. 4.
Christina Sueciae regina II. 22. VIII. 10. XI. 16.
S. Clemens mart. XIV. 17.
Clemens VII. pont. max. II. 2. App. 2. 15.
Clemens VIII. pont. max. I. 10. II. 5. 16. III. 14. IV. 6. IX. 4.
Clemens IX. pont. max. XI. 15.
Clemens X. pont. max. IX. 11. XI. 15.
Clemens XI. pont. max. II. 23. 24. 25. 28. V. 16. XIII. 14.
Clemens XII. pont. max. II. 24. App. 22.
Clemens XIII. pont. max. *In monito* . Confastationes magnus imperat. L. 31. 34. 35. 42. 53.
Conventualium ordo II. 15.
S. Cyrilla V. & M. V. 16.

D

D Addei . Camillus episcopus L. 21.
Dionis . Bartholomaeus XI. 14. Johannes Baptista VIII. 2. Joseph XI. 24.
Domitiani . Domitius V. 25.
Decius imperat. V. 26.
Inscript. Pis.

S. Didacus L. 49.
Diocletianus imperat. I. 38. 71.
Dominicus XL. 20.

E

E Lephantucci . Anastasia Mescii . Martius III. 10.
Enfredutii de . Francisca Firmani XVII. 5.
Especchii de . Ferdinandus XII. 5.
Eugenius IV. pont. max. App. 22.
S. Eventius mart. L. 20.
S. Eutropius mart. XIV. 17.

F

F Abrieri . Johannes Maria IX. 4.
Falconerii de . Alexander VIII. 25.
Fauti . Cherubinus Betti . Gabriel . Petrus Sanchez X. 7.
Farnes . Alexander card. IV. 5. VIII. 2. IX. L. Odoardus card. IV. 2. XI. 9. Paulus III. pont. max. quem vide. Petrus Aloysius IX. L. Ranutius card. IV. 2.
Ferreri . Andreas IX. 4. Anna Cimarra XVII. 15.
Ferretti . Caesar IX. 10. Camillus 12. Catharina Barbaria . Leonora Galli 10. Johannes . Ugo 10. 11.
Ferrini . Carolus X. 5.
Ferraesi . Hieronyma Vestelli . Johannes Franciscus IX. 2.
Fiocchi . Agabitus XIV. 5.
Firmani . Francisca Enfredutii . Francisca XVII. 5.
Fliseo de . Innocentius IV. pont. max. quem vide.
Flosta . Sanctes X. 2.
Foglietti . Antonius Franciscus VIII. 15.
Fonseca Dominicus App. 2.
Forti . Alexandri Moretti* . App. 22.
Forneriat . Laurentius II. 5.
Foroi . Angela Coelestis V. 10.
Frangipani. Martius App. 18.
Fulvii de . Petrus L. 21.
Fuschi . Horatius ibidem .
Feraldus . XIX. 7.

Ferdi-

INDEX GENERALIS

Ferdinandus de Aragonia rex II. 7.
Ferdinandus Ficurine dux XI. 12.
Ferdinandus Mantuae dux ibidem.
S. Franciscus L. L. 3. 4.

G

Gabatiale de. Claudius IX. 11.
Gabrielli. Serene Consci XVII.
2 L.
Galli. Antonius Maria card. U. 10.
IX. 10 XI. 11. Bernardinus. Franciscus Maria. Leonora Ferretti IX.
10. Petrus Stephanus II. 19.
Gallutci. Curtius IX. 4.
Garzei. Johanna XIII. 2.
Genga de. Prosper L. 20.
Gentili. Angela Margarita Miti. App.
19. Antonius Xaverius card. ibidem
& 20. 3 L. 22. Philippus App. 29.
Gentilini. Camilla de Periscaibus.
Johannes Maria. Petrus Leo XV. 4.
Georgi. Bernardinus L. 20. XL. 7. Isabella Roperio ibidem.
Gherzi. Joseph. Petrus Leo. Placidus Eustachius. App. 29. Familia
Ibidem 30.
Ghirardelli. Johannes Baptista. Philippus. Joseph. Stephanus. Vincentia Maniai. XV. 3.
Ghisilieris de. Michael card. deinde
S. Pius V. pont. max. quem vide.
Giartis de. Angelus card. Antonius
Franciscus IV. 7. Caesarius XI. L.
Constantia Sporopoul App. 27.
Giouspi. Ignatius. Petrus Franciscus
V. 20.
Gradori. Hortentia Mealsbelli. Annibal XII. 6, 8.
Gregoriani. Aemilius. Ptolomaeus.
Faustius. Johannes. Johannes Jacobus XI. 11.
Gualterutis de. Carolus. Goeas IV. 2.
Guglielmi. Cajetanus Bellicai XI. 19.
Guidonibus de. Laudomia XV. 2.
S. Gregorius L. pont. max. I. 21.
Gregorius X. pont. max. L. 6.
Gregorius XIII. pont. max. II. 14.
App. 2.
Gregorius XIV. pont. max. ibidem;
Gregorius XV. pont. max. XI. 12.

H

Harleus II. rex Christianissimus
X. L.
Henricus princeps Condensis XI. 12.
S. Hieronymus L. 11.
Hieronymus XI. 20.
Hierosolymitanus ordo militaris IX.
L. LL. LL.
S. Hippolytus mart. L. 10.
Honorius III. pont. max. L. L.

I

Jacobacci de Forrofobis. Dominicus
L. 10.
Jannerilo de. Alexander V. 4.
Jeannini. Petrus Angelus XI. 1 L.
Jordani. Johannes Dominicus IX. 4.
Justini. Johannes Oliverius XI. 12.
Justiniani. Benedictus card. XII. 1.
S. Jacobus major apostolus L. 11.
S. Jacobi ordo militaris IX. 10.
Johannes card. III. 4.
Johannes XI. 20.
Innocentius III. pont. max. L. L. App.
21.
Innocentius IV. pont. max. II L. 2.
Innocentius VIII. pont. max. III. 4.
Innocentius IX. pont. max. II. 14.
Innocentius X. pont. max. IV. 4. XI L. 5.
Innocentius XI. pont. max. IV. 7. IX. 11.
Innocentius XII. pont. max. IV. 7.
Innocentius XIII. pont. max. II. 26.
Julianus XIX. 4.
Julius II. pont. max. III. 4. XIII. 2.
Julius III. pont. max. III. 5.
S. Justinus mart. L. 10.

L

Lazarini. Augustinus. Simon
VIII. 3.
Latsini. Antonius L. 1 L.
Luca de. Carolus Franciscus App. 16.
Luciani. Clarix. Marcus Antonius
XII. 4.
Ludovisi. Gregorius XV. pont. max.
quem vide.
Ladislaus Poloniae rex XI. 12.
S. Laurentius mart. III. L.

Leo

ALPHABETICUS.

Leo X. pont. max. XIII. s. App. 2.
Leo XI. pont. max. II. 16. III. 14.
VII. 2. X. 1. 2.
Leopoldus archidux Austriae XI. 11.
S. Lucias Matrona L. 7.

M

Mazzi. Jacobus Antonius *Piccioli* XI. 17.
Magni. Christophorus XIV. 11. 14.
Magri. Petrus Marianus V. 10.
Maprini. Joseph V. 24.
Mainardi. Antonius LL. 1.
Malatesta Julius L. 2.
Manetti. C. Juvenalis L. 10.
Maratti. Carolus XIII. 1. 3. 4.
Marcelli. Alexander *Forli*, Fulvia, Girolamius, Julia App. 51.
Marchis de. Tydeus L. 11.
Marcucci. Antonius IX. 4.
Marefuschi. Marius. Prosper card. II. 16. 17.
Marical. Augustinus XIV. 16. Caesar XI. 4.
Mariotti. Lavinia *Marrucci*, Regulus VIII. 5.
Mariscotti. Galeatius card. XI. 12.
Martyre. Michael Franciscus XIV. 9.
Marzucutti. Annibal XIV. 11.
Massari. Franciscus II. 21.
Masci. Anastasia *Elephantucci*. Comes episcopus III. 10.
Masarelli. Augulus episcopus, Michael. N. *Pamphilo* III. 1.
Massi. Baldus VII. 5. 6.
Masathis de. Nicolaus XI. 5.
Matthucci. Conceptus. Jacobus IX. 5. Laura *Balestra*. Leonardus XI V. d.
Maximi de. Tiberius L. 10.
Medici. Dorothea *Bevi* XVI. d. Leo XI. pont. max. quem vide. Pius IV. pont. max. quem vide.
Melchiorri. Benedictus. Hieronymus episcopus III. d. Marcellus ibidem, & VIII. 2.
Melleri. Antonius episcopus III. 7. 8. App. 12.
Menichelli. Horatia *Gregori* XII. 2.
Manichini. Johannes L. 4.

Milla. Franciscus Carolus, Johannes Jacobus card. App. 14.
Milani, Booaventura V. 15.
Mitti. Angela Margarita *Gentili* App. 19.
Miletti. Julius II. 21.
Montalti. Vide *Peretti*.
Monte e. Franciscus Maria card. XI. 12.
Montelli. Olympia *Cesanes* XV. 2.
Monteri. Hieronymus *Pallavicini* XIV. 10.
Morcillo. Didacus episcopus Ap. 10.
Moretti. Andreas. Franciscus. Johannes Baptista scalor, & junior. Rinaldus XVI. L.
Moroni. Hieronymus L. 61.
Morra. Bernardinus II. 9.
Mozzi. Anna Maria *Reflagno*. Johannes Paulus IX. 9.
Moti. Vincentius II. 23.
Mutih de. Alexander L. 10.
S. Marcellinus P. & M. L. 11.
Marcellus II. pont. max. III. 5.
S. Marius mart. L. 40.
S. Martinus mar. III. L.
SS. Mauritii, & Lazari milites IX. 1.
S. Maurus mart. L. 30.
C. Marius L. d.
S. Martha mart. L. 40.
S. Michaelis milites X. 2.
SS. Modestus & Crescentia L. 11.
S. Monica II. 17.

N

Neri. S. Philippus X. 7. XIV. 12.
Nicoletti. Andreas V. 11.
Nobilis. Guido VIII. 4.
SS. Nereus, Achilleus, & Domitilla L. 10.
Nicolaus III. pont. max. L. d.
Nicolaus IV. pont. max. L. 1. usque ad 6. III. 10. App. r.
Nicolaus V. pont. max. L. 40.

O

Odi. A. M. episcopus L. 10.
Odescalchi. Innocentius XI. pont. max. quem vide.

Aa 2 *Ognus.*

Ozoss . Hortensia Teeress XVII. 5.
Orlandi . Marillus IX. 2.
Orfolini . Johannes . Joseph XIV. 12.
Ottoboni . Alexander VIII. pont. max. quem vide .
Ottoni . Hieronymus XIX. 5.

P

P.alai . Carolus . Clara . Lucas Angelus VIII. 2.
Palmili de . Antonius . Penthesilea . Vincentius XI. 1.
Pallavicini . Antonius Maria episcopus App. 11. 22. Hieronymus Montorio XIV. 10.
Pallotta . Evangelista card. II. 14. 15. App. 37. Guillielmus *la monito* . Johannes Baptista card. App. 18.
Pamphilii de . Camillus L. 70. Cynthius III.5. Johannes Baptista card. XI. 22. Julius I. 10. N. *Maforelli* III. 5.
Pancirolii . Raadinus card. XI. 12.
Panicola . Johanna Theresia *de Scipionibus* VIII. 2.
Paolocci . Bartholomaeus . Martha XVII. 4.
Parentucelli . Nicolaus V. pont. max. quem vide .
Parifani . Ascanius card. II. 2. XIV. 15. Prosper Ibidem .
Pafeei . Johannes Antoninus . Maria Califti XVII. 10.
Paulini de . Aegidius . Dominicus Emigdius V. 14. Dominicus VIII. 5. Octavianus . Paulinus V. 14. Thomas VIII. 5.
Pavalottis de . Alcanius XI. 10.
Pavoni . Petrus Franciscus VIII. 12.
Pellirossi . Antonius Franciscus VII. 2. Bernardinus *Coolhai* IX. 5. Johannes L. 11. VII. 2. Julius Coesar Ibidem .
Perensoni . Thomas XII. 5.
Perbenedicti . Carolus . Johannes Baptista X. 2. Marinus card. Maria. nus II. 12.
Peretti . Alexander card. L. 65. II.5. d. 7.8.9.10.XI.6.10. Fr. Felix deinde Xystus V. pont. max. quem vide .

Franciscus card. II. 10. Familia L. 45°
Peritonibas de . Camilla *Gentilini* XV. 5.
Petrelli . Fulgentius VI. 2.
Petrocchini . Gregorius card. II. 15. 18. Jacobus Philippus ibidem .
Philipucci . Gabriel card. electus II. 13. 14.
Philomardi . Jacobus II. 2 L.
Picali . Vide *de Tenaredis* .
Picciai . Jacobus Antonius *Moggi* . Ludovicus XI. 35.
Piccolomini . Andreas II. 2. Constantia II. 5. Jacobus II. 2. Pius II. & III. pontifices maximi, quos vide.
Pieronceni . Antonius Nuntius V. 2 2.
Pignatelli . P. Matthias L. 70.
Pignatelli . Innocentius XII. pont. max. quem vide .
Pii de . N. card. XI. 13.
Pilili de . Anna . Camillus V. 15.
Pini . Rubertus XI. 5.
Pifani . Johannes Baptista L. 51.
Pisaea Corsoati . Johannes Baptista L. 70.
Pollafri . Annibal XIV. 21.
Porphyrin de . Jacobus XIV. 4.
Porto . Alexander . Antonius . Bernardinus . Fabius IV. 2.
Pofumi . Johannes Franciscus . Johannes Baptista . Octavius XI. 55.
Palmerius V. 2.
S. Papias mart. L. 70.
Paschalis II. pont. max. III. 2.
S. Paulus apostolus I. 17. III. 2.
Paulus II. pont. max. X. L.
Paulus III. pont. max. II. 2. IV. 2. X. 2.
Paulus IV. pont. max. III. 5.
Paulus V. pont. max. II. d. 2. 13. 14. III. 12. X. 2.
Perna Julius XIX. 2.
S. Petri ordo militaris X. 2.
S. Petrus apostolus L. 10. III. 1. App. 34.
Phidias L. 11. 13. 14.
S. Philippus Neri X. 5.
Philippus Hispanorum rex L. 65. IX. 10. App. 20.
Pius II. pont. max. II. 5.
Pius III. pont. max. II. 2.
Pius IV. pont. max. I. 65.

S. Pius

ALPHABETICUS.

S. Pius V. pont. max. I. 11. 61. 69.
X. 4. XI. 7.
Plinius *in monito*.
Portugalliae ordinis milites XI. 7.
Praxiteles L. 12. 14.

Q

S. Q Ulricae mar. III. 1.

R

R*Allebetti*. Antonius. Catharina
Galitias. Johannes Maria XVII. 7.
Raggi. Octavianus card. App. 11.
Repari. Isabella Georgi XI. 7.
Refegno. Anna Maria Mozzi IX. 8.
Rezzonico. Carolus card. *In monito*.
Ricci. Catherina a *Turre magna* XV.
1. Guidobaldus V. 7.
Rinaldacci. Aloysius X. 4. Arnolphus V. 7. X. 4. Jacobus ibidem.
Theodorus X. 4.
Rocca. Angelus episcopus III. 11.
13. 14. 15.
Romandioli. Sebastianus V. 6.
Roini. Johannes Baptista III. 1.
App. 11.
Rofcilli. Julianus XI. 11.
Rufticucci. Hieronymus card. II. 11.
12. 13. IV. 10. XI. 7. Ludovica.
Rufticuccius IV. 10.
Ruvere de. Julius II., & Xystus IV.
pontifices maximi quos vide.
S. Renatus episcopus L. 50.

S

S*Abelli*. Honorius III. pont. max.
quem vide. Julius XI. 15.
Saccbi. Johannes episcopus III. 4.
Saldini. Faustina *de Avitretti* IX. 7.
Sarabetti. Petrus IX. 6.
Sau Sixi. Ludovicus I. 50.
Saudlis de. Johannes. Raphael XIII.
1. 7.
San Bo Petro de. Martha Severi XVI. 7.

Sannefi. Clemens Jacobus card. II. 10.
Santellini. Franciscus. Magdalena
XIV. 1.
Saracani. N. V. 15.
Savaggiani. Johannes II. 7.
Scaramucci. Joseph Andreas IV. 11.
Scipioni. Johanna Theresia *Ponicale*.
Maximilianus VIII. 8.
Scotti. Ranuccius episcopus IV. 4.
Seilai. Laura *Cesari* XVII. 4.
Severi. Johannes Baptista. Joseph.
Leonardus. Martha *de San Bo Petro*.
Michael Angelus XVI. 7.
Severini. Anna Magdalena *de Aberrkis*. Carolus Nicolaus. Catherina Francisca *Bedefani*. Maria Francisca *de Vetero* XIII. 14.
Sfondrati. Gregorius XIV. pont. max.
quem vide.
Sfortia. Guido Ascanius card. XI. 1. 2.
Silentiis de. Jacobus *Cicculini*. Theodorus XVII. 12. 15.
Silvestris de. Andreas. Dominicus
IV. 4. Francisca *Cicculini* XVII. 9.
Paulus Aemilius IV. 9. Raymundi senior & junior. Sebastianus IV. 7.
Simeuretti. Acolbal. Cosmas IV. 4.
Fridericus II. 18. Laura *Severi*
XVII. 4. Raynerius card. II. 18.
Solari. Franciscus XI. 14.
Sotomayor de. Ildephonsus episcopus L. 50.
Sparspari. Constantia Giori App. 18.
Sperelo. Franciscus episcopus App. 25.
Spetiolis de. Johannes Antonius. Joseph. Maria Magdalena. Virginia *de Albinis* XIV. 12.
Spiciari. Aurifilia *de Bergominis*.
Silverius X. 1.
S. Sabina L. 50.
S. Sebastianus I. 21. II. 21.
S. Seraphia mart. L. 50.
Sforcinus Feraldi XIX. 7.
Sigismundus Poloniae rex L. 49.
S. Silvester P. & M. I. 15.
S. Simeon presbyter L. 50.
S. Simetrius presbyter ibidem.
SS. Simeon, & Judas apostoli II. 15.
S. Stephani ordo militaris IX. 7. 10. 13.
S. Stephanus mart. III. 1.

Zaglio-

INDEX GENERALIS

T

Tagliaferro. Torquatus VIII. 9.
Tardini. Victoria Ciccolini IX. 7.
Tancredi de. Guriphus. Johannes Piccbi. Marius Piccbi VII. 6.
Treco. Hortensia Ogata. Petrus Paulus XVII. 5.
Tempestini. Angelus XVI. 1. Angelus Laurentius. Antonius Franciscus XVI. 2. Johannes Baptista XVI. 2. Marcus Antonius ibidem & 9. Tiburtius XVI. 1. 2.
Thomasini. Caleodius. Laura XI. 6. Lucas. Michael Angelus XI. 7. Ranutius XI. 6.
Tinelli. Angelus Maria. Ferdinandus. Philippus VIII. 16.
Tomacelli. Bonifacius IX. pont. max. quem vide.
Tornaboni. Bradamans XI. 10.
Tranquilli. Antonius App. 21.
Trombe Lastarenes. Georgius IV. 9.
Turre Magna. Catherina Ricci. Dominicus XV. 5. Johannes Aloysius XV. 1. 14. Vide *Magno*.
Turriani. Fulvia Concii. XVII. 2.
S. *Theodolus* mart. L. 10.
S. *Theophilus* mart. XIV. 17.
S. *Thomas* ap. III. 2.
Tiberius Caesar App. 8.
Trajanus imp. I. 18.
SS. *Tres Pueri* L. 10.

V

*V*Alentinis de. Joseph Camillus VIII. 12. App. 18.

Volkmani. Joseph card. Raynaldus II. 25.
Veroni. Fabricius XI. 2;
Votielli. Hieronymus Fernadi IX. 8.
Venerils de. Antonius Jacobus card. II. 1.
Ventura. Petrus Antonius V. 29.
Vetere de. Maria Francisca Severini VIII. 14.
Verdacci. Galeottus V. 5.
Vico de. Franciscus episcopus II. 23.
Vicas. Johannes Maria IX. 9.
Vigoritti. Flaminius VIII. 11.
Viti. Bartholomaeus II. 5.
Vollia. Angelus. Franciscus V. 8.
Orfel. Benedictus XIII. pont. max. quem vide. Johannes Jacobus XIV. 1. Nicolaus III. pont. max. quem vide.
Ugoncotti IX. 9.
Urbanus VIII. pont. max. I. 48. II. 21. VII. 2. XI. 12. XII. 5.

X

*X*Ystus IV. pont. max. I. 40. VII. 5. App. 21.
Xystus V. pont. max. L. 6. usque ad 21. II. 2. 4. 16. III. 7. 10. IV. 4. VII. 1. XVII. 9. App. 1. usque ad 18.

Z

*Z*Acchia. Gaspar episcopus III. 2.
Zagarini. Carolus V. 10.
Zephiri. Paulus Aemilius L. 11.

INDEX PECULIARIS
FAMILIARUM
PER PATRIAS DISTRIBUTARUM

Quae in Indice praecedenti per ipsa cognomina reperiri poterant.

ACCUMULUM.
Asculanae dioecesis.
Cappelio.
AESIUM.
Balleani.
Bernardinelli.
Colini.
Justini.
Piccini.
ANCONA.
Alemanni.
Benci.
Bonarelli.
Ferretti.
Mariani.
Picchi.
Sacchi.
Tancredi.
Vadelli.
APICULUM.
Ricci.
APIRUM.
Camerinen. dioecesis.
Baldini.
ARQUATA.
Asculanae dioecesis.
Paulini.
ASCULUM.
Alvitrani.
Bladi.
Cappello.
Cancci.
Garzoni.
Mafei.
AUXIMUM.
Cacciavillani.
Campani.
Dionysii.
Galli.

Martyre.
Pini.
Scaramucci.
Simonetti.
Valentini.
BELFORTIS.
Camerinum dioecesis.
Sannesia.
BONONIA.
Aldrovandi.
Bovi.
Carucci.
Elephantucci.
Fachinetti.
Ghiselieri.
Ludovisi.
Rulol.
CAJALI.
Fabricea.
CAMERANUM.
Auximanae dioecesis.
Marauti.
CAMERINUM.
Antonucci.
Avi.
Bealgai.
Bovi.
Braccaleoni.
Brusi.
Camerini.
Ceftoas.
Cimarra.
Gentili.
Glori.
Magri.
Maffei.
Paolucci.
Perbenedictis de.
Piervenanzi.

Rocca.
Sparapani.
Sperula.
Tiuclii.
Varani.
Venturi.
Vollis.
Zagaglini.
CASALIS
Montisferrati.
Millo.
CASPERIA *sive* ASPRA
in Sabinis.
Massari.
CASTRUM FIDARDI.
Lauretanae dioecesis.
Ghirardelli.
CASTRUM ROTUN-
DUM.
Camerinensis dioecesis.
Botti.
Faoli.
CINGULUM.
Cime.
Joannini.
Silvestri.
Simonetti.
CIVITASNOVA.
Firmanae dioecesis.
Bartoli.
Solari.
COMUM.
Odescalchi.
CREMONA.
Rasari.
CRUSPERIUM.
Camerinensis dioecesis.
Bassanioni.

CUPRA

INDEX FAMILIARUM.

CUPRA MARITIMA.
Peretti.
S. ELPIDII MORICI
Firmanae dioecesis.
Canuti.
Caucci.
Gregoriani.
FABRIANUM.
Bofera.
Corradini.
Gentilini.
Giampè.
Severini.
Teccoñ.
Vallemani.
FANUM FORTUNAE.
Abondi.
Baroxxi.
Belochi.
Dionifi.
Firmani.
Gabbuccini.
Georgi.
Gualterazzi.
Graduri.
Noldlis de.
Palutlia de.
Piliis de.
Rinaldocci.
Rufticucci.
Santolini.
Tomafini.
Uffreducci.
FIRMUM:
Albini.
Arditiis de.
Azzolini.
Baleftra.
Bonjoumra.
Brancadori.
Carpini.
Ceccbetti.
Corradi.
Flocca.
Marinai.
Matheucci.
Porto.
Speziolis de.
Tempeftini.
Vigorini.

FLORENTIA:
Corfini.
Bardi.
Bini.
Neri.
S. GENESIUS.
Camerinensis dioecesis.
Mariotti.
GENUA.
Cibo.
Flifco de.
Razzaico
S. JUSTUS.
Firmanae dioecesis.
Foglietti.
S. LAURENTIUS IN CAMPO.
Nicolreni.
LAURETUM.
Mozzi.
LAURUM.
Firmanae dioecesis.
Milani.
LIGURIA.
Vitus.
LUCA.
Lottini.
MACERATA.
Antonini.
Bernrdi.
Ciccolini.
Crefcimbeni.
Eaftachi.
Melchiori.
Pallotta.
Pelicani.
Philippacci.
Torre Magni.
MATHELICA.
Camerinensis dioecesis.
Gallucci.
Luca de.
Othoni.
MEDIOLANUM:
Sfondrati.
MILUM
Abbracensia.
Fontana.
MOLLEANUM.
Firmanae dioecesis.
Cacñ.

MONS ALTUS.
Silveltri.
MONS BAROCIUS.
Polluni.
MONS CAUSARIUS.
Firmanae dioecesis.
Januari.
MONS ULMI.
Firmanae dioecesis.
Magrini.
MORROVALLIS.
Firmanae dioecesis.
Porphyrlia de.
MUTINA.
Alcobelli.
Ferrari.
MUSELLARUM.
Battifti.
NEAPOLIS.
Pignatelli.
Pifani.
Tomacelli.
NOVARIA.
Bonipetri.
OPHIDA.
Afculanae dioecesis.
Coccia.
ORCIANUM.
Foerafis dioecesis.
Balcârleri.
MONS ELPARUS.
Montis Alti dioecesis.
Petrochini.
MONS FALCO.
Firmanae dioecesis.
Urfini.
MONS FORTINUS.
Firmanae dioecesis.
Pavoni.
MONS GALLUS.
Afculanae dioecesis.
Paulini.
MONS GEORGIUS.
Firmanae dioecesis.
Calini.
MONS LEO
Firmanae dioecesis.
Togliaterri.
MONS MILO.
Montracenfi dioecesis.
Lazarini.

MONS

INDEX FAMILIARUM.

MONS NOVUS.
Senogalliensis diocesis.
Benclemai.
PERUSIA.
Clavucci.
Marcucci.
Oddi.
PIENTIA.
Munichini.
PISTORIUM.
Panciaticl.
PRAENESTE.
Colicia de.
RECINETUM.
Maffutile de.
Veneriis de.
RIPA TRANSONIS.
Cardarelli.
Thumallal.
ROCCA CONTRACTA.
Senogalliensis diocesis.
Pucini.
ROMA.
Altieri.
Arberini.
Bubalo de.
Caesarini.
Cajetani.
Capisucchi.
Capodiferro.
Capranica.
Cavalieri.
Caesari.
Cecciai.
Celsi.
Cinquini.

Ciceroni.
Cinque de.
Comitibus de.
Cosa.
Fagnani.
Falconieri.
Foris.
Frangipani.
Fuschi.
Gangada.
Georgi.
Ghirardelli.
Jacobaccei de Facceschis.
Maffei.
Marifcotti.
Maximis de.
Menichelli.
Mileti.
Moroni.
Muti.
Mutiis de.
Orlandi.
Orfolini.
Pamphilis de.
Perleonibus de.
Philonardi.
Pignatelli.
Plancae Coronati.
Ruffagai.
Rezzonico.
Sabelli.
Sanctaecroce.
Santini.
Severi.
Ursi.
Zephiri.

SANCTUS SEVERINUS
olim **SEPTEMPEDA.**
Beni.
Romandioli.
Maffarelli.
Sacchetti Spicicani.
SARZANA.
Paratinucelli.
SARNANUM.
Camerinensis diocesis.
Benedictis de.
SARAVALLIS.
Camerinensis diocesis.
Radichetti.
SAVONA.
Ruvere de.
SENAE.
Piccolomini.
SORA.
Baronis.
SIGILLUM.
Petrelli.
TYBUR.
Jordani.
TOLENTINUM:
Cofini.
Parifiani.
VENETIAE.
Barbo.
Oshobeni.
Rezzonicorum.
VISSUM.
Bernabei.
URBINUM.
Sanctiis de.

INDEX

ECCLESIARUM SACRORUMQ. LOCORUM.

A

S. Adriani in Foro Boario in regione Montium, Ordinis B. M. V. de Mercede redemptionis Captivorum L. 10.
S. Agnetis extra portam Piam, aliæ Nomentanam in reg. Trivii, parochialis canonicorum regularium SanHissimi Salvatoris X. 5.
S. Anastasiae in reg. Campitelli, collegiata IV. 7. V. 9. App. 28.
S. Andreae de Fractis in reg. Colomnae, parochialis ordinis Minimorum XI. 11.
S. Andreae de Valle in reg. S. Eustachii, clericorum regularium Theatinorum L. 21. II. 9. L. 10. VIII. 7.
SS. Angelorum Custodum in reg. Trivii, archiconfraternitas XI. 18. App. 18.
S. Augustini in reg. S. Eustachii, parochialis ordinis eremitarum S. Augustini II. 17. III. 12. 13. 14. 15. V. 10. VI. 2. VIII. 1. IX. 5. XII. 7.
S. Augustini abbatia in dioecesi Asculana IV. 7.

B

S. Bartholomaei in Insula in reg. Ripae, parochialis ordinis Minorum S. Francisci de observantia XVII. 14.
S. Benedicti in reg. Transtyberim, vulgò in Piscivola, parochialis V. 21.
S. Birgittae in reg. Arenulae, monacharum in platea Farnesiorum VIII. 15.
S. Bonaventurae in reg. Campitelli, vulgò alla Polverieva, ordinis Minorum reformatorum S. Francisci strictioris observantiae IX. 13.
S. Bonaventurae collegium in coenobio SS. duodecim Apostolorum, ordinis Minorum Conventualium S. Francisci L. 67. 68.

C

S. Alixii in reg. Transtyberim, monachorum Caenocosmii II. 4.
S. Caroli ad quatuor fontes in reg. Montium, ordinis discalceatorum SanHissimae Trinitatis redemptionis Captivorum nationis Hispanae V. 20.
S. Catharinae Funariorum, sub de Rosa in reg. S. Eustachii, monialium ordinis S. Augustini III. 9.
S. Catharinae de Rotis in reg. Arenulae, parochialis XL 9.
S. Clarae in reg. Pineae, monialium tertii ordinis S. Francisci II. 24.
S. Clementis in reg. Montium, ordinis Praedicatorum nationis Hibernae II. L.

D

SS. Duodecim Apostolorum in reg. Trivii, parochialis ordinis Minorum Conventualium S. Francisci L. 12. 67. II. 23. V. 24. 26. VI. 2. VIII. 17. IX. 2. 5. 7. XVI. 5. App. 2.

E

S. Eustachii in reg. S. Eustachii, parochialis & collegiata V. 14. VIII. 1.

F

F. Araefianum templum in reg. Pineae, domus professa Societatis Jesu IV. 5. 8. X. 8. XVII. 9. 12.
S. Francisci ad Ripam in reg. Transtyberim, ordinis Minorum Reformatorum S. Francisci de Observantia VIII. 9. XVII. 10.
S. Francisci de Saxo coenobium Reform. S. Francisci in monte Falerno XIV. 1.
S. Francisci Stygmatum in reg. Pineae, archiconfraternitas IX. 12. XIV. 11. 14. XV. 5.

L. Gre-

INDEX ECCLESIARUM. 191

G

S. Gregorii in Monte Caelio, *sev in Clivo Scauri* in reg. Campitelli, *monachorum Camaldulensium* XVII. 4.

S. Grysogoni in reg. Transtyberina, *parochialis ordinis Carmelitarum congregationis Mantuanae* App. 14.

H

S. Helenae in reg. S. Eustachii, *universitas vulgo de Credenzieri* II. 3.

S. Hieronymi de Charitate in reg. Arenulae, *archiconfraternitas* XIV. 13. XVII. 3.

S. Hieronymi in reg. Campi Martii, *nationis Illyricorum collegiata* L. 48. ad 58.

S. Honuphrii in reg. Transtyberina, *eremitarum congregationis B. Petri de Pisis* III. 4. VIII. 4. XI. 4. 7. XIV. 3. XVII. 4. App. 25.

I

S. Johannis Decollati in reg. Ripae, *archiconfraternitas* App. 27.

S. Johannis in Laterano in reg. Montium, *patriarchalis archibasilica parochialis* L. 2. 3. 4. 17. 37. 40. II. 25. IV. 2. V. 4. 10. VIII. 4.

S. Josephi in reg. Campitelli, *universitas lignariorum* XIV. 12.

S. Josephi in reg. Columnae, *vulgo a Capo le Case*, *monialium discalceatarum S. Theresiae* App. 12.

L

S. Laurentii in Damaso in reg. Parionis, *basilica*, *& parochialis* II. 3. V. 2. 22. VII. 3. IX. 2. XI. 10. XII. 3. XV. L. 3. XVII. 2. 2. 18.

S. Laurentii in Fonte in reg. Montium, *congregationis Urbanes* XI. 11.

S. Laurentii in Lucina in reg. Columnae, *parochialis clericorum regularium Minorum* II. 14. XI. 19. App. 17.

S. Laurentii in Miranda in reg. Montium, *collegium Aromatariorum* XIV. 4.

S. Laurentii in Panisperna in reg. Montium, *monialium ordinis Minorum S. Francisci de Observantia* II. 21.

S. Lucae in S. Martina in reg. Montium, *Academiae liberalium artium professorum* XIII. L.

S. Luciae de Gonfalone in reg. Arenulae, *archiconfraternitas* XI. L. 2. XVII. 3.

S. Luciae Gymnasiorum in reg. Pineae, *parochialis congregatio Presbyterorum Saecularium* XI. 10.

M

S. Marcelli in reg. Trivii, *parochialis ordinis Servorum B. Mariae Virginis* II. 2. XIV. 13.

S. Marci in reg. Pineae, *parochialis, & collegiata* V. 23.

S. Margaritae in reg. Transtyberina, *monialium ordinis Minorum S. Francisci de Observantia* V. 20.

S. Mariae de Aesio abbatia XI. 17.

S. Mariae Angelorum in reg. Montium, *monachorum Cartusianorum* II. 25. XIII. 4.

S. Mariae de Aracoeli in reg. Campit:III, *ordinis Minorum S. Francisci de Observantia* II. 19. III. 3. V. L. 3. VII. 2. VIII. 13. X. 3. 4. L. XI. 17. XVII. L. XIX. L.

S. Mariae Angelorum, *vulgo la Cacabaria* in reg. Arenulae, *universitas Aurigarum* XIV. 14.

S. Mariae in Campo Carleo in reg. Montium, *parochialis* L. L.

S. Mariae Collemediae Centumcellarum Commenda IX. 10.

S. Mariae Consolationis in reg. Campitelli, *hospitalis* L. 7. App. 17.

S. Mariae in Cosmedin, *seu in Schola Graeca* in reg. Ripae, *basilica, & parochialis* V. 16. 17.

S. Mariae in Capella in reg. Transtyberina, *alias S. Mariae ad Piscem* III. 2.

S. Mariae de Horto in reg. Transtyberina, *vulgo delle Universita* salte VIII. 4. XVI. 2. XIX. 3.

S. Mariae Lauretanae in reg. Pineae, *universitas Pistorum* XVI. 4. XVII. 7.

S. Mariae ad Mare, *prioratus* IV. 10.

B 2 S. Ma-

INDEX ECCLESIARUM.

S. Mariae in Monticellis in reg. Arenulae, parochialis clericorum regularium Minimorum DeBrixae Christianae XIX. 1.

S. Mariae Majoris in reg. Montium, Liberiana basilica patriarchalis L. 4. 5. 6. 11. 14. usque ad 19. 64. 69. II. 1. 4. 16. 11. L. 1. 6. IV. 3. V. 5. VII. L.

S. Mariae ad Martyres, vulgò la Rotonda la reg. Pineae, parochialis & collegiata XIII. 2. 3.

S. Mariae supra Minervam in reg. Pineae, parochialis ordinis Praedicatorum XI. 3.

S. Mariae in Monterone in reg. S. Eustachii, parochialis ordinis B. Mariae de Mercede Discalceatorum IV. 6.

S. Mariae de Oratione, vulgò della Morte in reg. Arenulae, archiconfraternitas VIII. 5. XVI. 8.

S. Mariae de Pace in reg. Pontis, parochia'is canonicorum regularium Lateranensium VIII. 1.

S. Mariae de Pauro abbatia IV. 4.

S. Mariae de Planctu in reg. Arenulae, archiconfraternitas DeBrixae Christianae V. 21. XIV. 2.

S. Mariae de Popolo in reg. Campi Martis, parochialis ordinis eremitarum S. Augustini congregationis Lombardae L. 19. 19. 60. III. 10. IX. 6. XI. 1.

S. Mariae de Quercu in reg. Arenulae, universitas Lanionum L. 11.

S. Mariae de Scala in reg. Transtyberina, ordinis carmelitarum Discalceatorum IV. 10. V. 2. IX. 10. XII. 3.

S. Mariae de Sitein abbatia IV. 10.

S. Mariae Transpontem in reg. Burgi, parochialis ordinis Carmelitarum IX. 4.

S. Mariae in reg. Transtyberina, basilica, & parochialis IV. 3. V. 3. 18. IX. 9.

S. Mariae in Vallicella in reg. Parionis, presbyterorum Oratorii S. Philippi Nerii L. 30. II. 22. V. 11. VIII. 16. X. 3.

S. Mariae in Via in reg. Trivii, parochialis ordinis Servorum B. Mariae Virginis XV. 2. 3.

S. Mariae in Vialata in reg. Pineae, parochialis & collegiata insignis V. 1. 2. 3.

S. Mariae de Victoria in reg. Trivii, ordinis Carmelitarum discalceatorum VIII. 14.

S. Mariae in Vincis ad radices Tarpeii in reg. Campitelli, universitas vulgò de' Sapanari V. 22.

S. Marthae in Vaticano in regione Burgi, discalceatorum ordinis SS.ae Trinitatis redemptionis captivorum V. 14.

S. Martinae in reg. Montium, Academia liberalium artium professorum XIII. 1.

S. Michaelis in reg. Ripae, hospitium apostolicum pauperum invalidorum L. 64.

N

S. Nicolai ad Caesarinos, olim alla Calcare in reg. Pineae, parochialis clericorum regularium congregationis Somaschae III. 16.

S. Nicolai in Carcere in reg. Ripae, parochialis, & collegiata XI. 13.

S. Nicolai de Tolentino in reg. Trivii, ordinis eremitarum discalceatorum S. Augustini XII. 6.

S. Nicolai de Molinis in reg. S. Eustachii, parochialis obsoleta II. 3.

P

S. Petri in Monte Aureo, five in Janiculo in reg. Transtyberina, ordinis Minorum reformatorum S. Francisci de observantia VII. 6. XIV. 1. 6.

S. Petri in Vaticano in reg. Burgi, basilica patriarchalis parochialis L. 6. II. 3. V. 10. X. 2. 3.

S. Praxedis in reg. Montium, parochialis monachorum congregationis Vallisumbrosae III. 3.

S. Pudentianae in reg. Montium, juris basilicae Liberianae, ordinis Cisterciensium reformatorum L. 6. 21.

Q

SS. Quatuor Coronatorum abbatia IV. 1.

SS. Quatuor Coronatorum in Monte Coelio in reg. Campitelli, monialium oblatarum ordinis S. Augustini, & conservatorium orphanarum IV. 9.

INDEX ECCLESIARUM.

R

S. Rufinae in reg. Transtyberina, monialium oblatarum L. 10.

S

S. Sabinae in Monte Aventino in reg. Ripae, ordinis Praedicatorum III. 1.
S. Salvatoris de Cupellis in reg. S. Eustachii, parochialis collegium parochorum IV. 11. X. 9.
S. Salvatoris in Lauro in reg. Pontis, nationis Picenae II. 16. 17. III. 11. V. 15. VIII. 10. 11. 12. 13. IX. 11. XIV. 10. 12. 20. 21. App. 18. 19. 20.
S. Salvatoris ad Pontem Senatorium in reg. Transtyberina, vulgò a Ponte rotto, parochialis V. 4. 25.
S. Salvatoris ad Sancta Sanctorum, seu ad Scalam Sanctam in reg. Montium, I. 45.
S. Silvestri in Quirinali in reg. Trivii, clericorum regularium Theatinorum II. 20. XI. 14.
SS. Simeonis, & Judae, olim S. Mariae in Monte Jordano in reg. Pontis, parochialis XVI. 2. 3.
S. Simeonis Prophetae in reg. Pontis, parochialis XI. 4.
S. Spiritus in Saxia in reg. Burgi, canonicorum regularium hospitaler.
S. Spiritus, archihospitale, & parochialis I. 10. III. 7. 8. IV. 22. XI. 15. App. 18. 21. 22.

S. Stephani del Cacco in reg. Pineae, parochialis monachorum congregationis Silvestrinae XII. L. 2. XV. 4.
S. Susannae in reg. Trivii, parochialis monialium ordinis Cisterciensis L. 31. II. 21. 22. 23.

T

S. Theresiae coenobium monialium civitatis Fani IV. 10.
SS. Trinitatis in Monte Pincio in reg. Campi Martis, ordinis Minimorum nationis Gallicanae IV. 1.
SS. Trinitatis in reg. Arenulae, archiconfraternitas, & hospitium peregrinorum II. 9. XI. L. XVI. 7.
SS. Trinitatis in Via Flaminia, seu Latina in regione Campi Martis, ordinis SS. Trinitatis redemptionis captivorum nationis regni Castellae App. 20.

V

SS. Venantii, & Ansovini in reg. Campitelli, parochialis nationis Camertium IV. 4. XIV. 15. 19. XVII. 13. 14. App. 25.
SS. Vincentii, & Anastasii in reg. Trivii, parochialis clericorum regularium Minorum L. 63. IX. 2. XI. 18.
SS. Viti, & Modesti in reg. Montium, monachorum Cisterciensum L. 21.
S. Urbani collegiata in Apiro XII. 5.

INDEX
LOCORUM PROFANORUM
IN OPERE MEMORATORUM

A

Academia Romana L. 65.
Accumulum Asculanae Dioec. IV. 2.
Adria colonia. In monte.
Adrianus ager. Ibidem.

Aegyptus L. 33.
Actium in monte IV. 8. VIII. 17. XI. 12. 17. 19. XII. 4.
S. Agathae civitas L. 49.
Albanum II. 2 2.
Albula fumen. In monte.
Alexandria L. 11.

Alia.

INDEX LOCORUM PROFANORUM.

Altare App. 14.
Amalphis II. 7.
Amiternum. In monite.
Ancona In monite II. 7. III. 4. IV. 4.
 5. VII. 6. IX. 8. 10. 11. 12. XI. 8.
 XIV. 14. XVII. 14. App. 14.
S. Angeli ara IV. 9. IX. 4.
Antiochia App. 11.
Apiculum castrum V. 7.
Apirum XII. 5.
Aquae Felix L 10. 13.
Aqua Virgo L 12.
Aquila. In monite.
Aquileja XIV. 14.
Arborea L 10.
Arcadia in Urbe V. 17.
Areacine regio in Urbe L 31.
Ariminum II. 8.
Armenia L 35.
Arquata Asculanae Dioeces. V. 14.
Ascalum III. 1. 2. VII. 1. 5. IX. 5.
 XIII. 1. XVII. 1. 2. 14.
Aspra in Sabinis 1 1. 21.
Aternus amnis. In monite.
Avenio VII. L.
Auxelis XI. 12.
Ausimum In monite. II. 19. IV. 7. 6.
 11. VIII. 2. 16. XL. 5. 18. XIV. 9.
 App. 18.

B
Bainacoreglum L 10. III. 12.
Barcino XI. 2 L.
Batinum flumen. In monite.
Baregaal. Ibidem.
Bononia II. 14. 14. III. 4. 6. 8. 10.
 XIII. 5. App. 11.
Bruactum Urbs Ligarice L 12.

C
Cajaciam II. 8.
Cajati IX. 4.
Camertanum prope Laoretum XIII. 4.
Camerinum II. 14. III. 10. 14. 15.
 IV. 5. V. 2. 10. 18. 19. 20. VII. 5.
 VIII. 16. X. 4. XI. 8. 8. XIV. 5. 13.
 In XV. L XVI. 6. XVII. 8. 15. 14.
 App. 15. 11.
Capitolium L 10. 11. 61. 70. VII. 3. 4.
Castilis Monisferrati App. 14.
Caspariis II. 13.

Castella L 6.
Castrum Forretal IX. 10.
Castrum Fidardi XV. 2.
Castrum novum. In monite.
Castrum Rotundum X. 7.
Castrum Turris Palmarum IV. 12.
Cecumcellae IX. 12.
Cimbri L 61.
Cingulum IV. 6. 7. VII. 2. XI. 12.
 XVII. 6.
Circus Maximus L 13. 16. 60.
Civitas nova in Piceno XI. 14. XIV.
 10.
Claciseum XI. 20.
Claens. In monite.
Caggliaeum XIV. 15.
Coemeterium Callisti L 71.
Collislongae II. 10.
Columna Antonini L 55.
Columna Trajani L 52.
Columnae ager L 31.
Conche II. L.
Condacum XI. 12.
Confentia II. 14. 15. App. 17.
Constantini aula App. 2.
Constantinopolis L 6.
Conturbium XIV. 15.
Cremona XI. 7.
Crusperium Camerines. IX. 2.
Cupra Maritima L 69.
Cupra Montana. In monite.

D
S. Domnini civitas IV. 4.

E
S. Elpidius III. 9.
S. Elpidius Mauricus Firmanae dioec.
 V. 11. XI. 15.
Esquilinus collis L 62.
Etruria XI. 12.

F
Fabrianum In monite II. 15. V. 1. 10.
 VIII. 11. 14. XV. 4. XVII. 5.
Falarienfee. In monite.
Fanum In monite IV. L 10. V. 5. 5.
 15. VIII. 4. IX. 15. X. 6. 21. 3. 6.
 9. 13. 14. XII. 12. XIV. 2. 3. XVI.
 5. XVII. 4.
Farnenfe oppidum VII. 5.

Felsa-

INDEX LOCORUM PROFANORUM.

Ferracia III. 4.
Firmanorum caftellum. In monite.
Firmum In monite II. 3. 4. 11. III. 11.
 IV. 1. 11. V. 9. 28. VIII. 10. 13.
 IX. 3. X. 1. XI. 4. 10. XIV. 4. 11.
 XVI. 2. 3.
Flaminia Porta Urbis L. 19.
Flaminia Provincia L. 6.
Florentia IX. 4.
Fodinae aluminis II. 7.
Francia L. 6. III. 4.

G
Gallia L. 2. II. 7. 8. IV. 4. IX. 3.
 XI. 11.
Gallia Togata III. 4.
Gargauus. In monite.
S. Genefii oppidum VIII. 5.
Germania L. 11. II. 8. XI. 11.
Graecia I. 6. App. L.
Gregorianum facellum in Vaticano
 App. 9.

H
Helvetia IV. 4.
Hierofolyma X. 6.
Hifpania L. 69. XI. 11.

I
Efopolis L. 10.
Illyrkum L. 43. ad 48.
S. Jufti oppidum VIII. 15.

L
S. Laurentii porta Urbis L. 12.
S. Laurentii in Campo oppidum
 V. 11.
Lauretanum collegium L. 28.
Lauretum In monite IX. 9.
Laurum oppidum V. 15.
S. Leo civitas App. 25.
Liburnum. In monite.
Liguria IX. 4.
Lima App. 10.
Luca L. 10.

M
Macerata In monite II. 13. 14. III.
 6. 18. V. 16. 17. VII. 1. IX. 7.
 XII. 5. XIV. 14. XV. 1. 3. XVII. 9.
Mantua II. 7. XI. 11.
S. Marci civitas III. 7. 8. App. 11.

Martiracum II. 14.
Mathelica In monite IX. 4. XIX. 5.
 App. 18. 31.
Matrinus amnis. In monite.
Mediolanum II. 18.
Mefita IX. 3. 10.
Mendicantium domus in Urbe L. 15.
Mitum Novacomen. App. 7.
Mollemum VI. 1.
Mons Altus In monite L. 4. 69. III.
 18. IV. 4. XVII. 9.
Mons Barocius XI. 15.
Mons Caufarius V. 4.
Mons Coraus. In monite.
Mons Elparus II. 17. 18.
Mons Falco XIV. 1.
Mons Fortleus VIII. 11.
Mons Gallus VIII. 7.
Mons Genillis V. 2. XIX. 6.
Mons Jordani XIV. 11.
Mons Leo VIII. 8.
Mons S. Mariae IX. 10.
Mons Milo VIII. 5.
Mons Nuvor VIII. 6.
Mons Pefalanus L. 6.
Mons Pietatis in Urbe L. 9.
Mons Ulmi V. 22.
Marrovillis XIV. 4.
Mofellarum XVI. 2.
Mutina IX. 2. XI. 5.

N
Nar fluvus. In monite.
Neapolis L. 51. XI. 11.
Novacaefarea III. 18.
Nilus L. 35.
Novaea colonia. In monite.
Novaria XI. 1.
Novocomum App. 7.
Numana. In monite.

O
Obelifcus Augufti L. 18.
Obelifcus Conftantini L. 11.
Obelifcus Vaticanus Ap. 9. ufque ad 21.
Oleafis III. 2.
Ophida V. 22.
Oppidum III. 9.
Orcianum Fanco. Dioec. V. 15.
Oftia III. 1.
Orthobonianae aedes in Urbe App. 17.
Palmen-

INDEX LOCORUM PROFANORUM.

P
Palmenfis ager. *In monito.*
Palum XIV. 11.
Parma IX. 2.
Parthi L. 11.
Paffus Tavernellarum XVII. 2.
Paufulani. *In monito.*
Perufia I. 10. II. 2. VII. 1. IX. 4.
Picainesfes. *In monito.*
Picenia IX. 4.
Pollentini. *Ibidem.*
Poleola L. 69. XI. 11. 12.
Poloponaefium II. 7.
Porcule III. 16.
Portus II. 12.
Puteolis. *In monito.*
Praenefte I. 5 1. II. 14. 17. 28. III. L. 4.
App. 64.
Praetutianus ager. *In monito.*
Ptolemaidis L. 4.

Q
S. Quiricus oppidum. *In monito.*
Quirinalis collis L. 52. 12. 14.

R
Raguftans L. 12. III. 4.
Ravennas VII. L.
Reatinum XI. 5. *In monito.*
Ripa Tranfonis. *In monito.* XI. 1. XIV. 8.
Rocca Contracta VIII. L.
Roma IX. 4. 9. XI. 4. 12. XVI. 7. App.
25. 32.
Romandiola III. 4. VII. L.

S
Sabina III. L. *In monito.*
Sanctus Severinus olim Septempeda.
In monito. III. 5. V. 6. IX. 4. X. 5. XVI. 5.
Saravallis Camerinum. XVII. 7.
Sarnanum XIV. 7.
Sarzana L. 40.
Sena II. 7.
Senogallia XVII. 4.
Septempedani. *In monito.*

S. Severinus olim Septempeda XIX. 5.
Sicilia II. 7.
Sigillum VI. 2.
Sora L. 10.
Suecia II. 20. VIII. 20. XI. 26.

T
Agafte III. 12. 14. 15.
Tartaria L. 4. App. 2.
Telefum III. 1.
Teutoni L. 6. L.
Tervium. *In monito.*
Thermae Conftantini L. 52.
Thermae Diocletiani I. 58.
Tolentinum. *In monito.* II. 2. XVII. 4.
Tolfa II. 7.
Toejrafes. *In monito.*
Tridentum III. 5.
Truentum flumen. *In monito.*
Turcae II. 7. IX. 3.
Turrita VIII. 2.
Tufculum II. 12. III. 4.
Tybur III. L. IX. 2.

V
Vaticana bibliotheca L. 39. 40. 41.
42. IV. 7. 9. V. 5.
Vaticana teftudo L. 69.
Vaticanum II. L. 11. App. 2. 9. 30.
14. 15.
Venafrum L. 45.
Venetiae II. 7.
Verolae III. 2.
Veftae civitas III. 10.
Via Fella I. 16.
Via Neapolitana L. 14. 15.
Via Praeneftina L. 51.
Via Quirinalis L. 58.
Villanova IX. 15.
Viminalis collis App. 36.
Viterbium II. 28.
Umbria II. 2. VII. L.
Uomanum. *In monito.*
Urbefalvia. *Ibidem.*
Urbinum IV. 4. XIII. 2.
Urbivetus II. 20.

www.ingramcontent.com/pod-product-compliance
Lightning Source LLC
Chambersburg PA
CBHW020912230426
43666CB00008B/1429